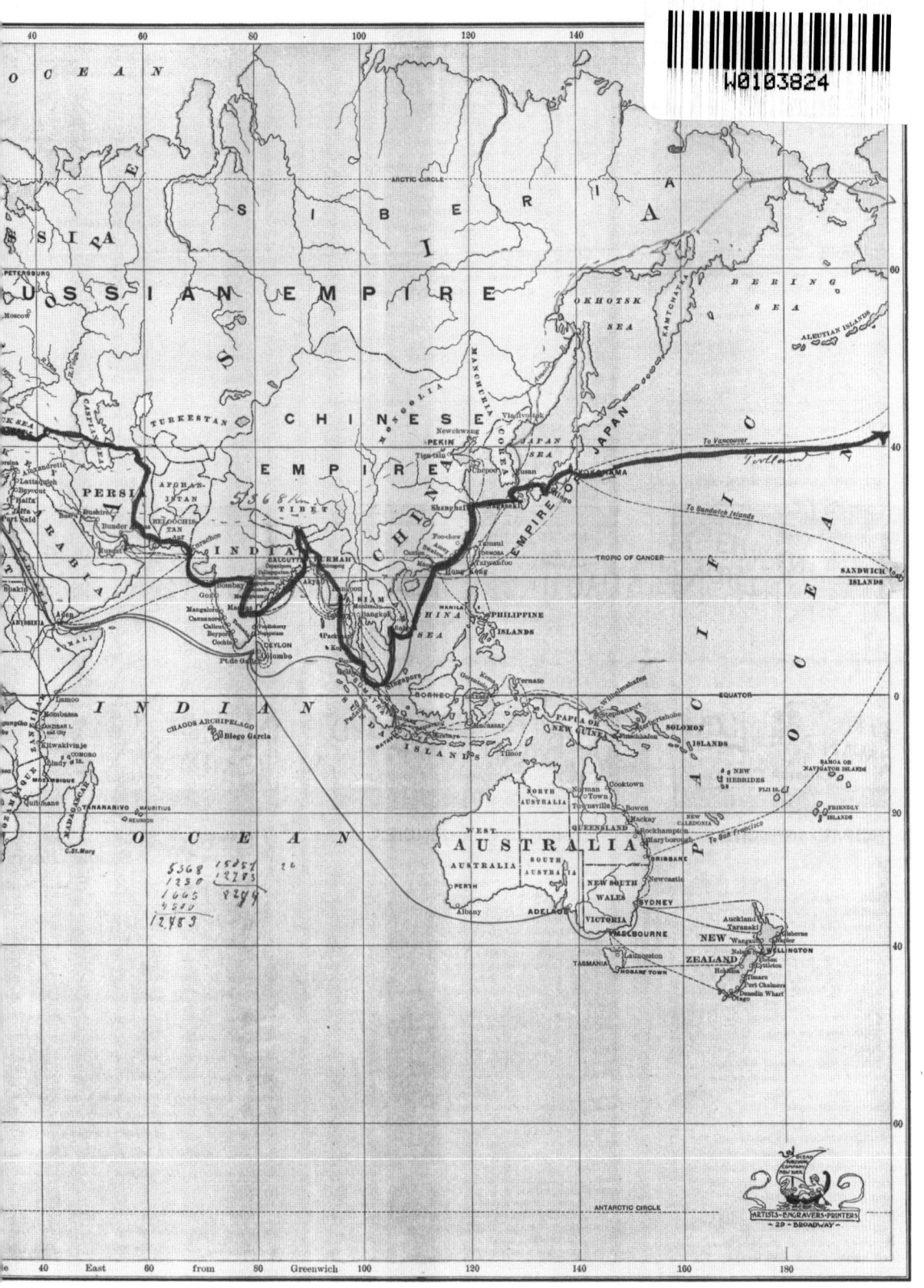

Heine Stupp

*Zu Fuß um die Welt
in 492 Tagen*

»Heine« Stupp (1875–1955)

Heine Stupp

Zu Fuß um die Welt in 492 Tagen

1895/96

Herausgegeben von Birgit Stupp

Mit einem Geleitwort
von Daniel R. Coats, US-Botschafter
in Deutschland

259 Abbildungen und Dokumente

Langen Müller

Bildnachweis:

Alle Abbildungen aus dem Nachlaß von H. Stupp,
außer: S. 19 (o.), 24 (o. l.), 25 (u. r.), 39 (o.), 42 (u.), 60 (o.), 141 (u.), 177 (u.),
179 (u.), 193 (u.), 195 (u.) und 197 (u.) aus der Sammlung C. Weber

Besuchen Sie uns im Internet unter:
http://www.langen-mueller-verlag.de

© 2003 by Langen Müller in der F. A. Herbig
Verlagsbuchhandlung GmbH, München
Alle Rechte vorbehalten
Umschlaggestaltung: Agentur Liquid, Augsburg
Umschlagfotos: Nachlaß H. Stupp
Herstellung und Satz: VerlagsService Dr. Helmut Neuberger
& Karl Schaumann GmbH, Heimstetten
Gesetzt aus der 11/14 Punkt New Caledonia
Druck und Binden: Westermann Druck, Zwickau
Printed in Germany
ISBN 3-7844-2885-1

Inhalt

Geleitwort
Daniel R. Coats, US-Botschafter in Deutschland 7

Zu diesem Buch
Birgit Stupp 9

Vorwort
»Vor der Tat steht der Gedanke …« 13

— I —
Europa
(31. Juli 1895 – 1. Oktober 1895)

München–Wien 20
Wien–Constantinopel 34

— II —
Asien
(1. Oktober 1895 – 6. Juni 1896)

Constantinopel–Tiflis 40
Tiflis–Baku 49
Baku–Aschabad 58
Aschabad–Meschhed 65
Meschhed–Gunabad 76

Gunabad–Kirman *84*
Kirman–Bombay *93*
Bombay–Darjeeling *102*
Darjeeling–Hong Kong *117*
Hong Kong–Yokohama *127*

III
Amerika

(6. Juni 1896 – 22. Oktober 1896)

Portland–New York *142*

IV
Europa

(22. Oktober 1896 – 5. Dezember 1896)

Liverpool– München *178*

Nachwort

»Mach's einer nach …« *197*

Geleitwort

Daniel R. Coats, US-Botschafter in Deutschland

In den neunziger Jahren des 19. Jahrhunderts existierte noch kein Guinessbuch der Rekorde, das heute eine wachsende Zahl von Menschen zu immer ungewöhnlicheren Rekordversuchen reizt. Umso höher sind der Mut, die Ausdauer und die Entschlossenheit einzuschätzen, mit der Heine Stupp aus Köln im Jahre 1895 als gerade Zwanzigjähriger zu einer Fußwanderung um die Welt aufbrach – ohne größeres Gepäck und, als selbst auferlegte Regel, ohne finanzielle Hilfsmittel. Der Weg führte ihn durch friedliche Teile dieser Erde, in denen er sich sicher fühlen konnte, aber auch durch Regionen, in denen Krieg und Bürgerkrieg herrschten. Stupp wurde dadurch zu zeitraubenden Umwegen gezwungen und unfreiwilliger Zeuge blutiger Massaker. Nach Mittel- und Osteuropa und Asien durchquerte er die Vereinigten Staaten von San Francisco nach Washington D.C. und setzte dabei seinen Fuß auch auf den Boden meines Heimatstaates Indiana.

Heine Stupp hinterließ bei seinem Marsch durch die USA auch Spuren von längerer Dauer, die mich bewogen haben, diesem Buch meine guten Wünsche voranzustellen. Seine Teilnahme an einer Feier des amerikanischen Unabhängigkeitstages 1896 in San Francisco führte zu einer zufälligen Begegnung mit James Forsythe, Brigadegeneral und Kommandeur der Miliz von Kalifornien, dem Stupps nach eigenen Ideen geschneiderte Indien-Uniform außerordentlich gefiel. Forsythe hielt deren Form und Material bestens geeignet für eine Uniform der Milizen* in den südlichen Bundesstaaten und bat ihn, sich nach seiner Ankunft in Washington mit einem Empfehlungsschreiben bei Verteidigungsminister Daniel Scott Lamont vorzustellen. Als Lamont Stupp persönlich empfing, war er schon im Besitz einer Fotografie der Uniform, die bei der Führung des Ministeriums auf große Begeisterung gestoßen war. Lamont bat Stupp um Erlaubnis, die Uniform als Modell für die Milizen im Süden der USA benutzen zu dürfen. Heine Stupp erteilte die Erlaubnis ohne Umschweife und lehnte die angebotene finanzielle Zuwendung dankend ab. Zum Abschied versprach der amerikanische Generaladjutant und Brigadegeneral Kugles dem deutschen

---

* Bei den Milizen handelt es sich um die Vorläufer der seit 1916 bestehenden Nationalgarden (National Guards) der einzelnen US-Bundesstaaten.

Weltumwanderer, daß das Verteidungsministerium im Rahmen seiner Möglichkeiten Stupp gerne auch einen Wunsch erfüllen würde.

Heine Stupp ist auf dieses Versprechen niemals zurückgekommen. Umso mehr freut es mich, als Vertreter der amerikanischen Regierung dem Wunsch seiner Schwiegertochter und Herausgeberin dieses Buches nach einem Geleitwort nachzukommen und damit nach 106 Jahren Stupp etwas von seiner uns erwiesenen Großzügigkeit zurückgeben zu können. Ich wünsche diesem Buch nicht nur aus Dank einen großen Leserkreis. Ich würdige damit auch einen Freund meines Landes und eine starke Persönlichkeit, die bewiesen hat, zu welch herausragenden Leistungen ein Individuum durch eine Mischung aus kalkulierter Risikobereitschaft, Willenskraft und Klugheit fähig ist. Uns allen kann Heine Stupp als Vorbild bei der Bewältigung der großen Herausforderungen unserer Zeit dienen.

Berlin, im September 2002   *Daniel R. Coats,*
                                                        US-Botschafter in Deutschland

Zu diesem Buch

Heinrich Anton Stupp, genannt Heine, wurde am 30. Juni 1875 als Sohn des Kaufmanns Heinrich Stupp in Köln am Rhein geboren. Heinrich Stupp sen. war Inhaber einer kleinen Fabrik, in der Kostüme und Völkertrachten aus aller Welt für Theater, Vereine und Museen hergestellt wurden.

Durch diese Kontakte mit fremden Kulturen wurde das »Fernweh« bei Heine schon früh geweckt. Die Wanderlust der damaligen Zeit – es gab kaum Alternativen, wenn man reiselustig war – kam ihm sehr entgegen, um dieses Fernweh einigermaßen erträglich zu machen. Und dann erfuhr er im Jahre 1895 von der Sportwette einer Fußweltumwanderung zweier Amerikaner, die ihm eine Erfüllung seiner kühnsten Träume und Wünsche zu sein schien. Heine schloss sich den beiden Wanderern auf ihrer »Tour um die Welt« an.

Heinrich Stupp auf der Terrasse seines Hauses in Kronberg-Schönberg im Jahre 1953

Aus heutiger Sicht war es ein Wahnsinnsunternehmen und eigentlich zum Scheitern verurteilt. Aber mit seiner schier unglaublichen Unbekümmertheit und seinem enormen Selbstvertrauen nahm der junge Heine das Wagnis in Angriff und schaffte es, diese »Reise« erfolgreich zu beenden.

Den großen Wunsch, seine Reiseerlebnisse in Form eines Buches dokumentieren zu können, hat er aus Gründen, die wir nicht kennen, nie verwirklichen können. Über sein weiteres Leben nach der Fußweltumwanderung besitzen wir nur wenige Unterlagen. 1928 baute er in Kronberg/Schönberg im Taunus seinen Altersruhesitz, in dem wir heute noch wohnen. 1938 wurde sein erstes und einziges Kind, sein Sohn Günter, geboren. Als ich 1964, als Frau seines Sohnes, in dieses Haus einzog, war Heine Stupp schon neun Jahre tot – ich hatte ihn nie kennengelernt.

Da und dort fielen mir Fotos aus verschiedenen Teilen der Welt in die Hände, die mir zeigten, dass er ein weit herum gekommener Mann gewesen war. Dann eine wunderbare Vitrine mit ungewöhnlichen Reiseandenken, hauptsächlich aus asiatischen Ländern. Und sporadisch ein paar Erzählungen meines Mannes von einer »Fußweltumwanderung« seines Vaters vor langer Zeit – das war alles!

Im Laufe der Jahre fand ich an allen möglichen Stellen im Haus Notizen und Briefbögen mit alten Schriftzeichen, teils als Buchzeichen, teils als Schutzumschläge für kleinere Bücher und Hefte zweckentfremdet. Oftmals waren die Tinte verwischt, die Bögen überklebt und überschrieben, kaum lesbar, aber Neugier erweckend.

Bei Umbauten in unserem verwinkelten Haus entdeckten wir in Wandschränken, in Kellern und dem Speicher immer wieder alte Koffer und Kartons mit Aufzeichnungen und Fotos, doch fehlte mir meistens die Zeit, alles genau zu betrachten oder zu lesen. In einer Wandschräge fanden wir gar – eingemauert – eine Kiste mit Korrespondenz zwischen Heine und seinen Eltern, als er in Asien und Amerika unterwegs war.

Vor ca. vier Jahren begann ich damit, all dies gesammelte Material – bestehend aus Tagebüchern, Briefen, Notizen, Fotos und Dokumenten – grob zu sortieren und viele überklebte Blätter zu »erforschen«. Und alles, was ich dabei entdeckte, trieb mich dazu an, immer intensiver zu suchen, zu finden und weiter zu arbeiten. Nach langwieriger »Wühlarbeit« und einer äußerst schwierigen Transkription war ich in der Lage, die Fußweltumwanderung meines Schwiegervaters Heine Stupp in etwa nachzuvollziehen.

Zu diesem Buch

Ich hatte dabei das Glück, einen Verlag empfohlen bekommen zu haben, der mir die Zeit ließ, das umfangreiche Material zu sichten, zu ordnen und lesbar zu machen. Deshalb mein – und der meiner Familie – ganz besonderer Dank an den Lektor des Verlages Langen Müller Herbig in München, Rochus von Zabuesnig, welcher mit Respekt und Sensibilität die von mir transkribierten Aufzeichnungen von Heine Stupp als »Dokument der Zeit« übernahm und nicht gefällig zurechtstutzte. Mit Gespür und Wissen um den Zeitgeist gegen Ende des 19. Jahrhunderts und gutem Geschmack fügte er das vorhandene Bildmaterial und Zeitdokumente in den Text ein, und hat damit das Buch in vorliegende Form gebracht.

Freilich musste ich alles, was ich fand, so hinnehmen, wie ich es vorfand und versuchen, einen durchgehenden roten Faden für diese Reise zu finden. Lücken im Text, wegen fehlender Tagebuchseiten und dem Verlust der Ost-Asien-Aufzeichnungen entstanden, waren manchmal auch nicht durch Korrespondenzen oder Reisenotizen zu schließen. Datumsangaben in den Balkanstaaten, Russland und der Türkei richteten sich bis 1914 bzw. 1927 sowohl bei Behörden, als auch bei Privatpersonen zumeist nach dem Julianischen Kalender. D. h. die Zeitdifferenz von zwölf Tagen zwischen diesem und dem westlichen Gregorianischen Kalender wurde teilweise – auch amtlicherseits – einfach ignoriert und ich musste ein Durcheinander von sich widersprechenden Zeitangaben entwirren. Auch über die Kriterien und Auflagen, welcher der »Sportwette« zugrunde lagen, besitzen wir kein amtliches Dokument, sondern nur die Aufzeichnungen von Heine Stupp.

Durch die staunenden Augen eines 20jährigen, der sich vor über 100 Jahren auf den Weg gemacht hat, habe ich die damalige Welt neu zu erfahren versucht und sie – trotz heutigen besseren Wissens – so hingenommen, wie Heine sie damals für sich persönlich entdeckt hatte.

Diese Mischung aus Naivität, ausgeprägtem Selbstbewusstsein, manchmal Überheblichkeit, manchmal Unterwürfigkeit, hat mich sehr beschäftigt und das neutrale Podest, auf das ich mich eigentlich zurückziehen wollte, stark ins Wanken gebracht. Doch die Äußerung unseres jüngsten Sohnes Meik, dass sein Großvater ein ziemlich »cooler« Typ gewesen sein müsse, hat mich wieder beruhigt.

Also nehmen wir, seine Familie, den 20jährigen Heine in der Zeit seiner Weltumwanderung vor über 106 Jahren so hin, wie er war. Wir haben ihn als jungen Mann näher kennen gelernt, seine rasante persönliche Weiterentwicklung in diesen 1 1/2 Wanderjahren mit Erstaunen beobachtet und bewundern auf jeden Fall seinen großen Mut.

Zu diesem Buch

Ich habe dieses Buch über Heine Stupps Reise um die Welt für unsere Familie erarbeitet. Für Günter, seinen Sohn, dessen Erbe die Geschichte von Heine Stupp ist. Für seine Enkel, Sandra, Marc und Meik, unsere Kinder. Für seine Urenkel, die Drillinge Nola, Luiz und Ava, die Kinder von Sandra und Christian. Und für seine Urenkelin Charlotte, der Tochter von Simone und Marc.

Für besondere Liebenswürdigkeit, Unkompliziertheit und spontane Hilfsbereitschaft möchte ich mich, auch im Namen meiner Familie, sehr herzlich bedanken bei:

Daniel R. Coats, US-Botschafter in Deutschland, für sein einfühlsames Geleitwort und seine guten Wünsche für dieses Buch.

Dr. Gerhard Wiesinger vom »Amerika-Haus Frankfurt«, der spontan sofort bereit war, mir zu helfen. Ihm habe ich das Grußwort von Daniel R. Coats zu verdanken.

Meinen Eltern, Tim Rodenwald, Dr. Michael Bauer, Vorsitzender des Vereins für Geschichte in Kronberg im Taunus, Hans Jürgen Schultz, Vorsitzender des Vereins der Philatelisten in Kronberg im Taunus, Silvio Mondello, Clemens Steden, Leiter der Viktoria-Schule in Kronberg/Schönberg, Dietmar Seel, Astrid Schleicher, Elke Lorenz und Heidi Kistner.

Dann unserem Sohn Meik, der mit seinem Computer unendlich viele alte Fotos so zu bearbeiten verstand, dass sie für das Buch zu verwerten waren. Er hat das gesamte Text- und Bildmaterial in der Reihenfolge der Reiseroute gespeichert und auf CDs gebrannt, so dass der Verlag damit arbeiten konnte.

Unserer Tochter Sandra, die mir jede freie Minute schenkte, um gemeinsam mit Meik und mir Material einzuscannen, zu speichern und auszudrucken.

Meinem Mann Günter und unserem Sohn Marc, die mich moralisch unterstützten und ermutigten, wenn mir die Arbeit an diesem Buch zu viel wurde und ich nicht mehr weitermachen wollte.

Um Nachsicht und Verzeihung bitten dafür, dass ich für sie kaum noch Zeit hatte, möchte ich: meine Eltern, meine Schwestern, Constantin, mein Patenkind, Freunde und Freundinnen und Lisa Schmitz, die mich aber verstehen wird.

Im Herbst 2002   *Birgit Stupp*

Vorwort
»Vor der Tat steht der Gedanke …«

Vor der Tat steht der Gedanke, und der Wunsch ist die Mutter der Initiative, die nur auf den Moment wartet, verwirklicht zu werden! Die Sehnsucht, die Welt und ihre Völker kennenzulernen, mit ihnen Hütte und Nahrung zu teilen, hatte mich schon früh in die weite Welt hinaus getrieben.

Mein Elternhaus in *Cöln* am *Rhein*, in dem ich am 30. Juni 1875 geboren wurde, und mein Vaterland waren mir zu eng geworden. Von Jugend an ein begeisterter Freund der Natur und ihrer Schönheiten, darf ich behaupten, dass das Studium der Länder- und Völkerkunde mir von jeher ein starkes Bedürfnis war. Diese Liebe zur Geographie stärkten meine große Wanderlust, die mich schon mit 15 Jahren durch die weiten Gaue des Deutschen Reiches sowie durch *Belgien*, *Holland* und die *Schweiz* führte. Als Mitglied des bekannten »Kölner Sport- und Wanderclubs Fortuna« (»TC Fortuna 1891«) beteiligte ich mich an einer Reihe von Wett- und Dauermärschen, von denen ich viele siegreich beenden konnte.

Am 1. April 1895 startete ich zu einem längeren Trainingsmarsch von *Flüelen am Urnersee* nach *Genua*, über das in dichtes Eis und Schnee gehüllte *St. Gotthard-Massiv*, da ich mich mit dem Plan einer Umwanderung *Afrikas* befasste, und ich wollte meine körperliche Widerstandsfähigkeit erproben. In *Airola* angekommen erfuhr ich durch Zufall von zwei amerikanischen Sportrepräsentanten des »San Francisco Sporting Clubs«, welche auch in Köln Station machen wollten.

Ich erinnerte mich, dass 1894 ein Unternehmen in Sportskreisen Aufsehen erregt hatte, das zwei Amerikaner in Folge einer Wette von 16 000 Dollars zur Ausführung bringen sollten, und das darin bestand, dass dieselben gehalten waren, die Welt innerhalb eines Zeitraumes von zwei Jahren, beginnend am 10. Juni 1894, zu Fuß zu umwandern. Verschärft war die Wette durch die Bedingung, dass dieselben ohne Geld vom Start von San Francisco abmarschieren und ihren Lebensunterhalt ebenso, wie das für die Schiffsüberfahrt nötige Reisegeld, sich selbst erwerben mussten (durch Vorträge etc.)!

Diesmal ließ ich das lockende *Italien* unbeachtet liegen und an den afrikanischen Rundmarsch dachte ich nicht mehr. Dafür ging es mit der Eisenbahn Hals über Kopf nach Köln zurück. Mit dem Vorstand vom »TC Fortuna 1891« wurde ich rasch einig. Die Wanderung müsse als selbständiges Unternehmen gewertet werden und zwar als Unternehmen im Auftrag des Kölner Clubs. Auf diese Bedingung gingen alle Beteiligten ein.

Ungleich schwieriger war es, die Erlaubnis zu dem kühnen Unterfangen von meinen Eltern zu erlangen. Mein Vater, Besitzer einer Fabrik für Völkertrachten und Theaterausstattungen, hatte es selber all sein Leben mit der fremden Welt gehabt. An den von ihm geschneiderten Trachten ferner Völker war seine Sehnsucht nach draußen gewachsen. Er konnte den Jungen verstehen! Aber meine Mutter hatte noch manche schlaflose Nacht, ehe auch sie weinend ihr Einverständnis zu dem unbegreiflichen Plan des Sohnes gab, der an Gestalt, Gewicht und Aussehen für sie noch ein halbes Kind war.

Die beiden Amerikaner waren in Köln angekommen, woselbst sie mich aufsuchten. Sie hatten bereits von meinen Weltreiseplänen erfahren, und richteten an mich die Bitte, doch jetzt die Weltumwanderung zur Ausführung zu bringen, denn die beiden Amerikaner waren bisher ohne jegliche Kenntnis von Land und Leuten, ja selbst ohne bestimmt vorgesetzte Reiseroute, marschiert. Ich selbst hatte in den letzten Jahren mein theoretisches Wissen derart vervollkommnet, dass die Tour, welche für meine Weltumwanderung in Betracht kommen könnte, vollständig ausgearbeitet vorlag.

Ich erklärte mich gerne bereit, das Unternehmen durch *Asien* zu leiten, d.h., wenn die beiden Amerikaner Gustav Koegel und Fred Thoerner die von mir projektierte Route einzuschlagen sich bereit fänden, was dieselben sofort annahmen. Ich darf ohne Selbstüberhebung sagen, dass ich, sobald ich mich den beiden angeschlossen hatte, als der Führer des Unternehmens gelten durfte. Um indessen darzutun, in welcher Weise meine späteren Reisebegleiter ohne Rat und ohne genaue Vorstudien wanderten, sei bemerkt, dass sie, um *Asien* zu durchqueren, ohne Rücksicht auf den bevorstehenden Winter, ihren Weg über *Sibirien* nehmen wollten.

Meine Reise musste unter denselben Bedingungen und in derselben Weise und unter Beachtung derselben Kontrollen, welche den beiden Amerikanern vorgeschrieben war, ausgeführt werden. Mein Start war *München*, meine Bedingung, die Reise in 18 Monaten zu vollenden, ebenfalls ohne Geld vom Start! Die Kontrolle übernahm bereitwilligst der »TC Fortuna 1891«. Sie bestand darin, dass, überall wohin wir kamen, durch amtliche Unterschriften und Siegel unsere Anwesenheit und die Zeit bescheinigt werden musste. So erklärt es sich, dass ich heute drei ausführliche, dicke Kontroll- und Autogrammbücher besitze.

Nachdem ich in meiner Vaterstadt alles zur Abreise fertiggestellt hatte, begab ich mich per Bahn über *Frankfurt* nach *München*. In *Frankfurt* wurde ich begeistert empfangen. Der Polizeipräsident, der Bürgermeister und der Oberbürgermeister, denen ich einen Besuch abstattete, unterstützten meine Idee mit huldvollen Worten. Am Abend des 27. Juli traf ich in *München* ein, die nötigen Materialien und Utensilien, die zu einer Weltumwanderung gehörten, wurden gesammelt; aber es galt alles auf das Minimum zu reduzieren, da sämtliche Gegenstände mittels kleiner Taschen getragen werden mussten.

Meine Bekleidung bestand aus

1 Paar russischen Gurtenlederschuhen zum Schnüren
1 Paar wollener Socken
1 Paar Gamaschen (bis zum Knie reichend)
1 Paar wollene Wadenstutzen
1 Paar wollene Unterbeinkleider
1 dünnes normales Hemd
1 Sweater
1 grüne doppelreihige Jacke mit Stehkragen
1 grüne Kniehose
1 Gummitaillengurt
1 weicher Lodenhut
1 wasserdichte Pelerine mit Kapuze
1 Wanderstab
1 Uhr
1 Kompass
1 Thermometer
1 Signalpfeife (die letzten 4 Objekte wurden an einem Band um den Hals getragen)

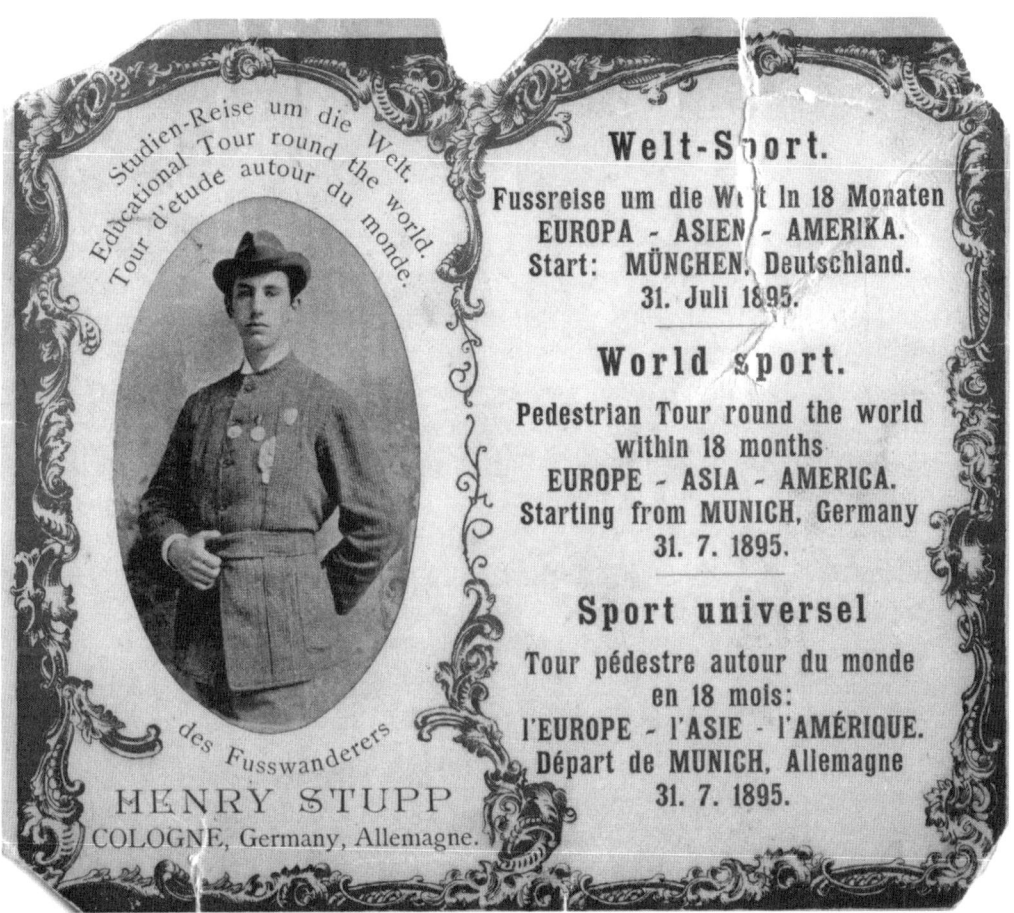

Stupps »Studien-Reise-Karte« in drei Sprachen, seine »Visitenkarte«

Der Mantel mit der Kapuze war das einzige Kleidungsstück, welches die Weltwanderung überstanden hatte. Im dritten Autogrammbuch findet sich – nach Beendigung der Weltumwanderung in *München* – folgende Eintragung:

Heinrich Braun/München:
Herr Heinr. Stupp hat mich heute besucht und brachte seinen aus bestem Schafwoll-Loden gefertigten Touristen-Wettermantel wieder mit, welchen derselbe am 31. Juli 1895 von mir erhielt u. sich während seiner Fußwanderung um die Welt in 492 Tagen ausgezeichnet bewährt hat.
Spezialgeschäft für Sport- und Touristenkleidung
München, 7. Dezember 1896

Mein Gepäck bestand aus 2 Umhängetaschen:

Die Tasche A enthielt:

a) Chinin
b) Jod
c) Opiumtropfen
d) Opiumpillen
e) Karbolöl
f) engl. Pflaster
g) Jodiform
h) Verbandleinen
i) Verbandwatte
j) Wundsalbe
k) Essenz gegen den Biss eines giftigen Tiers
l) Buch »Hülfe bei Unglücksfällen«

Die Tasche B enthielt:

a) ein Paar Sandalen
b) 1 Autogrammbuch
c) Wörterbücher in den verschiedenen Sprachen der zu passierenden Ländern
d) Strümpfe
e) Taschentücher
f) Münzensammlungen
g) Stein- und Amphibiensammlung
h) Seife & Handtuch
i) Handschuhe
j) Brieftasche & Photographien
k) Landkarten
l) Zirkel, Radiergummi und Maßstab
m) MAGGIS Suppen-Extrakte ...

Letztere wurden uns von Herrn *Maggi* in der *Schweiz* in liberalster Weise um die ganze Erde franco und frei zugesandt. Auf den großen Nutzen dieser Extrakte für unsere Wanderungen in Asien werde ich noch oft Gelegenheit haben zurückzukommen. Ich erlaube mir an dieser Stelle Herrn *Maggi* für seine große Aufmerksamkeit meinen aufrichtigsten Dank auszusprechen!

Vorwort: »Vor der Tat steht der Gedanke ...«

In den Taschen meines Anzugs befanden sich

   a) ein Autogramm- und Kontrollbuch
   b) ein Kassabuch
   c) ein Tagebuch
   d) ein Adressenbuch
   e) ein Distanzbuch (zum Eintragen der Tagesmärsche, Kilometerzahl und Marschstunden)
   f) ein Abreißblock
   g) eine Brieftasche mit Pass & Empfehlungsschreiben
   h) eine Geldtasche
   i) Wasserkantine (-flasche) zum Umhängen
   j) Taschenmesser, Bleistifte, Blaustifte, Taschenkamm & Bürste
   k) Visitenkarten-Etui

Auf dem Marsche durch das Innere *Asiens* kamen hierzu noch

   a) eine wollene Decke
   b) ein kupferner Kessel
   c) ein Glas
   d) Löffel
   e) Streichhölzer
   f) Kerzen usw.

Meine Bewaffnung bestand in einem russischen Kosaken-Karabiner nebst 24 Kugeln, einem Faschinenmesser und einem Stilettmesser.

I
Europa

(31. Juli 1895 – 1. Oktober 1895)

München–Constantinopel

München–Wien

Unter dem Jubel einer begeisterten Volksmenge verließ ich am 31. Juli 1895 in Gemeinschaft meiner beiden amerikanischen Sportskameraden Gost Koegel und Fred Thoerner aus *San Francisco* das Hotel »Oberpollinger« am Karlstor in *München*, um zur »Ersten Weltumwanderung« zu starten.

Mit frohen Hoffnungen zog ich hinaus in die weite Welt, um die Farben meines Clubs und die deutschen Farben rund um die Erde erfolgreich zu vertreten. Unsere Wanderung führte zuerst über *Rosenheim* zur österreichischen Grenze und dann nach *Salzburg*, wo uns das Hotel *Österreichischer Hof* seine gastlichen Tore öffnete. Trotzdem sein Haus überfüllt war, ließ es sich der Besitzer, Franz Irresberger, nicht nehmen, uns in einem seiner Privaträume Unterkunft zu schaffen. Im Vestibül erwartete uns bereits der Herausgeber und Chefredakteur des »Wiener Extrablatt«, Edgar von Spiegel, zu einem Interview.

Meine beiden amerikanischen Sportkollegen plauderten von ihren Erlebnissen bei der Durchquerung Nordamerikas, ihren Wanderungen über die steilen, zerklüfteten Felsengebirge des Westens, durch die große Nevada-Senke, die Salzwüste zum großen Salzsee und dann durch das tief durchfurchte Colorado-Gebiet mit seinen weiten Steppen, Sandwüsten und tief eingeschnittenen Canyon-Tälern, dem Osten zu.

Demgegenüber fanden sie die Wanderungen durch Mitteleuropa nur noch als eine Erholungsreise. Unsere Bilder und Berichte wurden sofort nach *Wien* weitergeleitet. Edgar von Spiegel rührte die große Reklametrommel zu unserem Marsch durch *Österreich*. Mit den besten Empfehlungsbriefen an seine Spezialkorrespondenten sowie an den Besitzer des Kurhotels Elisabeth in *Ischl*, Herrn Altbürgermeister Koch, marschierten wir diesem herrlich gelegenen Kurort entgegen. *Ischl* hatte seine Hochsaison (und war in Hochform)! Kaiser Franz Joseph weilte hier auf seinem Sommersitz. Auch Prinzregent Luitpold von Bayern sowie der König und die Königin vom Rumänien, nebst dem Kronprinzen Ferdinand sowie eine Reihe anderer »Prominente« waren anwesend. Wir hatten die Ehre, allen diesen hohen Herrschaften im Hotel Elisabeth durch den bekannten Sportsmann und österreichischen Herrenreiter Wilhelm Graf Starhemberg, Sieger des Distanzrittes Wien–Berlin 1892, vorgestellt zu werden.

Die Königin Elisabeth von Rumänien, Carmen-Sylva, lud uns ein, nachdem sie gehört hatte, dass wir auch *Rumänien* durchwandern würden, an den Eröffnungsfeierlichkeiten der längsten Brücke Europas, die bei *Cernavoda* über die *Donau* nach der *Dobrutscha* führt, teilzunehmen.

Von *Ischl* führte uns der Weg durch das *Salzkammergut* nach *Langbach* am *Traunsee*, und an dessen westlichem Gestade entlang nach *Gmunden*, das man als eines der schönsten Plätzchen auf unserer Erde bezeichnen kann. Seine romantische Lage am blaugrünen See, mit dem steil abfallenden Traunstein im Hinter-

Stupps eigenhändiger Entwurf für ein Deckblatt (Foto: siehe S. 33 oben)

grunde, bot einen wuchtigen und prächtigen Anblick.

Hier wurden wir im Schloss der blinden Ex-Königin von Hannover freundlichst aufgenommen. Baronin von Wangenheim, Hofdame der Königin von Hannover, stellte uns den beiden Söhnen Seiner Königlichen Hoheit, des Herzogs von Cumberland, zu Braunschweig und Lüneburg vor.

Am folgenden Morgen wanderten wir nach *Steyr*, das wir erst spät am Abend erreichten, von einem anhaltenden Landregen durch und durch durchnässt. Wir hatten für diesen Abend noch einen Vortrag im Österreichischen Alpenclub angesagt, und mit stürmischer Begeisterung wurden wir in dem dichtbesetzten Saale des Hotels Zum Goldenen Pflug in unseren wassertriefenden Kleidern willkommen geheißen. In der Österreichischen Waffenfabrik, die wir am nächsten Morgen besichtigten, wurde uns je ein Seitengewehr (Faschinenmesser) verehrt.

In strammen Eilmärschen ging es von *Steyr* nach *St. Pölten* und *Pöchlarn*. Hier hingen schon in allen Schaufenstern das »Wiener Illustrierte Extrablatt« mit unseren Bildern auf der Titelseite, so dass man uns schon überall als die avisierten Welttouristen erkannte und begrüßte. Bis *Pöchlarn* waren uns bereits Radfahrer von WIEN aus entgegengekommen, welche unseren Anmarsch nach dort meldeten.

An allen Türen und Fenstern sahen wir Neugierige, die uns mit »Hurrarufen« und »Tücherschwenken« begrüßten. In *St. Pölten* erwartete uns bereits eine Abordnung Wiener Sportvereine. Es war ein Sonntag und heiß brannte die Sonne hernieder, aber in strammem Tempo ging es voran! Der Einmarsch in die schöne Donaustadt gestaltete sich zu einem wahren Triumphzug!

Viele Wagen mit Journalisten waren uns bis *Purkersdorf* entgegengefahren – mehr als 150 Radfahrer eröffneten den Einmarsch, dann folgten eine Reihe Sportvereine. Wir selbst marschierten hinter den Wagen der Presse. Das »Wiener Fremdenblatt« schrieb darüber:

»Ist kein ›Jules Verne‹ da? Ein kleines Interview, und er hat das Gerippe zu einem prächtigen Romanstoffe. Und er braucht zur Ausführung nur ein ganz klein wenig Dichtung und Phantasie. Wie leicht lässt sich doch mit den Erlebnissen von Männern, die zu Fuß den ganzen Erdball umrunden, eine Fülle interessanter Zwischenfälle und Abenteuer verweben.

Auf der Strasse, die von Purkersdorf nach Wien führt, sind wir den Marschkünstlern zum erstenmal begegnet. Im schärfsten Tempo kamen sie daher. Die Glut der Sonne, die gestern drückender war als schon seit Tagen, schienen sie kaum zu beachten. Es war ein Vergnügen, sie bei der ›Arbeit‹ zu beobachten. Die Freundschaft, welche die drei verbündet, ist noch jüngeren Datums. Sie sind aber wie füreinander geschaffen: Derselbe Schritt, derselbe Tritt!

Und wie schmuck sie aussehen in ihrem Lodendress. Koegel und Thoerner sind bis ins kleinste Detail vollkommen gleich gekleidet: Der leichte Rock und die kurzen Höschen aus Sommerloden, das schwarze Trikothemd, die hohen Gamaschen und die langen und breiten Halbschuhe, auf denen eine dichte Staubschicht lagert. Im Knopfloch ist ein elastisches Stäbchen befestigt, das über die Schulter ragt und an dem ein kleines amerikanisches Sternenbanner lustig im Winde flattert. Den schweren Stock, den sie übrigens nur in den Händen balancieren lassen und nicht als Stütze benützen, schmücken schwarzgelbe Bänder – eine Huldigung, die sie Österreich bereiten. Der Anzug Stupps hat andere Farben. Auch trägt er – statt des Sternenbanners – die Reichsdeutsche Trikolore. Schweigend gehen die drei Freunde nebeneinander her. Sie vermeiden es absichtlich, auf dem Marsche miteinander zu sprechen.

In der Mariahilferstraße hatten sich lange vor der angesetzten Zeit Hunderte von Neugierigen eingefunden. Fliegende Tribünen waren errichtet, auf Leitern und Handwagen stand dichtgedrängt die harrende Menge. Einige Minuten nach 6 Uhr ertönten von der Schönbrunnstraße her die ersten »Hoch- und Hurrarufe«, die sich rasch fortpflanzten.

Alsbald marschierten die Touristen in deutschem Stechschritt über die Linie. Rasch vorwärts schreitend ging es in 10 Minuten über die Mariahilferstraße und die Pabenberger Straße zum Burgtor. Als sie dort ankamen, folgten ihnen schon über 300 Personen. Die Herren wollten durch die alte Burg der Habsburger ihren Einzug in Wien halten, da stellte sich ihnen jedoch ein Hindernis in den Weg. Die Polizei duldete diese Route nicht, denn auf dem inneren Burgplatz und dem Michaelplatz hatte sich eine solche Menschenmenge angesammelt, dass die Polizei, um eine Verkehrsstörung zu vermeiden, den Herren anriet, über den Opernring und die Tegetthoffstraße nach dem Neuen Markt ihren Weg zu nehmen, um zum Hotel Munsch zu gelangen, dessen gastliche Einladung sie für ihren Aufenthalt in Wien angenommen hatten.

Die Menge drängte ihnen ins Hotel nach und zerstreute sich erst hier unter lauten Hoch- und Bravorufen!«

Weiter schrieb das »Wiener Fremdenblatt«:

»*Es sind drei interessante Menschen, ja, man begegnet ihnen wohl anfangs etwas misstrauisch – aber sie machen nicht den kläglichen Eindruck von Sportfexen, und man hält sie auch schon nach kurzer Bekanntschaft für Leute, die es ehrlich meinen mit ihrem Unternehmen, deren Fußtour eine Leistung ist, die allgemeine Bewunderung und Anerkennung findet. Hat doch jeder sein Steckenpferd, und sie sind der Ansicht, dass das ihre nicht das schlechteste ist.*

Die beiden amerikanischen Sportskameraden sind große, starke, breitschultrige Männer mit wettergebräunten Gesichtern. Thoerner 27 Jahre alt, Koegel 34 Jahre. Dagegen ist der erst 20 Jahre zählende Dauerwanderer Heinz Stupp aus Köln von schmächtiger, schlanker, doch sehniger Statur!«

Alle Tage glich unser Heim im Hotel Munsch einem Bienenhaus, wo unzählige, schnell gewonnene Freunde und Interessenten ein- und ausflogen. Es war schon eine kleine Aufgabe, jedem Rede

Stempel des »Kölner Touristen Club Fortuna 1891«

31. Juli 1895: Start vom Hotel »Oberpollinger« am Karlstor in München

Hotelier Schwarz begrüßt »Heine« Stupp

»Gastfreundlich aufgenommen« in Salzburg

Das »Curhaus Ischl«

Elisabeth (Carmen Sylva), Königin von Rumänien, und Kaiser Franz Joseph in Ischl

Autogramm von der Baronin Wangenheim, Hofdame der Königin von Hannover, in Gmunden

Zwischenstation in Gmunden

St. Pölten: Großer Presserummel um die drei Weltumwanderer

Autogramm des kaiserlich deutschen Botschafters in Wien, Baron von Bülow

Stempel des amerikanischen Konsulats in Wien

»Viel Glück!«: Das Hotel glich einem »Bienenhaus«.

und Antwort zu stehen, aber wir taten es gerne, war es doch das einzigste Mittel, uns den Wienern gegenüber für ihre überwältigende Aufnahme erkenntlich zu zeigen. Nicht weniger als 500 »Cabinetphotographien« haben wir mit unserer Unterschrift versehen und widmen müssen.

Als ich am Tage nach unserer Ankunft in *Wien* zur Hauptpost ging, um unsere Briefsachen in Empfang zu nehmen, da waren so zahlreiche Sendungen angelangt, dass ich die Pakete in einem Fiaker zum Hotel fahren musste! Meine Kameraden machten nicht wenig erstaunte Gesichter, als zwei Hausknechte in Waschkörben die Post ins Zimmer trugen.

Da waren Probesendungen, Reklameartikel, Wäsche, Kleidungsstücke, wasserdichte Mäntel, Schuhsohlen, »Patentabsätze«, Hüte, Gürtel, Taschenapotheken, Salben, *Maggi*, mit einer Auswahl Suppenextrakte, Bücher, Landkarten u.s.w., die uns franco und frei zur Verfügung gestellt wurden, um sie auf unseren ferneren Wanderungen zu verwenden und über deren Güte in den Zeitungen zu berichten.

Wir waren indessen keine wandelnden Reklameapparate, dazu war unsere Zeit zu kostbar und bemessen. Da wir leider für all die schönen Dinge selbst keine Verwendung hatten, so erfreuten wir damit das Hotel-Personal! Der Inhalt der Briefe bestand meistens aus Glückwünschen und Anfragen von Interessenten, dann Einladungen von Vereinen und Hotelbesitzern der Balkanhalbinsel, denen wir unsere Ankunft anmelden sollten und die uns gastfreie Aufnahme anboten –

selbst aus *Constantinopel* traf ein Telegramm vom »Pera-Palace-Hotel«, Absender Direktor Binder ein, der uns eine Woche freies Logis offerierte.

Man sieht daraus, wie weit der Ruf unseres Unternehmens uns schon nach Süden vorausgeeilt war. In *Wien* hielten wir drei Vorträge. Die Tagesstunden benutzten wir, um die Gesandtschaften der fremden Staaten aufzusuchen, um von ihnen Empfehlungsbriefe zur Weiterreise sowie Unterschriften und Siegel zu erhalten.

Auch der Wiener Polizeipräsident, Ritter von Steyskal, sowie der deutsche Botschafter von Liebwort, bei dem wir den zufällig anwesenden deutschen Botschafter beim Vatikan, Herrn Bernhard von Bülow begrüßen konnten, trugen ihre Autogramme und Siegel in unsere Bücher ein.

Eine bekannte Wiener Künstlerin, C. K., schrieb in mein Buch:

Gleich dem Adler, dem König der Lüfte
Geht Ihr Flug durch die Welt
Wenn Ihre Kraft, Ihrem Willen gleichen
Flug hält, –
Dann »Viel Glück« auf den Weg!

Ja, »Viel Glück«, das war, was man uns unzählige Male zur Weiterreise wünschte. Doch das Glück ist eine lose Dirn, das Schicksal lässt sich von ihm nicht zwingen – es zerrt die Menschen wie Marionetten an unsichtbaren Fäden durchs Leben, so wie es ihm gefällt.

Der bekannte Fiakerkutscher Bratfisch hatte sich uns mit seinem Zweispänner in liebenswürdigster Weise zur Verfügung gestellt. Die Köpfe seiner beiden stattlichen Pferde hatte er links und rechts mit den Nationalflaggen unserer Staaten geschmückt – so kutschierte er stolz durch die Strassen der alten Kaiserstadt. Er war der Sohn jenes vielgenannten Fiakerkutschers Bratfisch, der so oftmals heimlich Kronprinz Rudolf zu seinen Rendezvous mit der Komtesse Vetsera nach »Schloss Mayerling« gefahren hatte, und der nach dem tragischen Tode der beiden unauffällig in die Türkei verschwinden musste.

Privatbesuche, dann Museen und Theater ließen uns die Zeit während unseres achttägigen Aufenthalts in der österreichischen Residenz allzu schnell dahinschwinden. Den Schluss unseres Aufenthaltes in der Donaustadt bildete ein Besuch von *Baden* bei *Wien*, wohin uns der Präsident des Trabrennvereins, Prinz zu Solms Braunfels, eingeladen!

Am 21. August 1895 sagten wir endlich unserer liebgewonnenen Kaiserstadt »Lebewohl«! Unser junges Herz pochte laut und manche Träne rann über zarte Wangen, als wir zum letzten Male die Hüte schwenkten und mit einem »Auf Wiedersehen« von dannen zogen – mit dem unwandelbaren Gefühl in unserer Brust:

»Es gibt nur eine Kaiserstadt –
es gibt nur a Wien!!!«

*Preßburg –
»Trinken Sie
Ungarwein ...«*

»Drei Hotels stritten sich um uns ...«

Das Parlamentsgebäude in Budapest

Über Neusatz
nach Belgrad

Im »Serbischen Reich«: Belgrad

Orsova am »Eisernen Tor«

Übernachtung im »Grand Hotel Continental« in Bukarest

Rechtzeitig bei den Eröffnungsfeierlichkeiten der neuen Donaubrücke »Carol I.« bei Černavoda

Constantinopel, die »Pforte der Glückseligkeit«

Die drei »Fußtouristen um die Welt«

Stempel und Widmung des Russischen Generalkonsulats in Constantinopel

Wien–Constantinopel

Nun ging es frischen Mutes wieder an die »Arbeit«. An der schönen Donau entlang wanderten wir nach *Preßburg*, wo wir die berühmte ungarische Weinkellerei Palugyay & Söhne besuchten, deren uralter Tokayerwein uns für einen Tag marschunfähig machte.

Palugyay selbst schrieb dagegen in unsere Autogrammbücher die Worte ein:

Wenn Ihnen die Kräfte schwinden,
Wo Sie ihn edel finden –
Trinken Sie Ungarwein,
Um wieder flott zu sein!

Es war in der Tat eine Ironie des Schicksals, dass dieser Ungarwein auf unsere Glieder eine entgegengesetzte Wirkung ausgeübt hatte.

Über *Raab* ging es weiter Richtung *Budapest* ins Ungarland hinein, das uns mit seinen köstlichen Tokayerweinen, saftigen Melonen, scharfen Paprikagerichten und gastfreundlichen Menschen eine unvergessliche Aufnahme bereitet hatte.

In *Budapest* stritten drei Hotels darum, welches von ihnen uns aufnehmen durfte. Zirkus, Variete und Theater stellten uns Logenplätze zur Verfügung und auch hier ward uns ein äußerst herzlicher Empfang zuteil, wir konnten uns indessen nur zwei Tage aufhalten, und mussten dann weiter durch die fruchtbare Ebene der Puszta nach *Szegedin* unsere Schritte lenken, weiter über *Theresiopel* (*Szabadkan*) und *Neusatz* (*Ujvidek*) kamen wir nach *Semlin*, überquerten hier die *Donau* und betraten bei *Belgrad* das *Serbische Reich*.

Die Donau abwärts wandernd passierten wir dann *Semendria* und *Bazias* und erreichten bei *Orsova*, am »Eisernen Tor«, *Rumänien*. Hier am »Eisernen Tor« grenzten verschiedene Nationen aneinander. Im Süden *Bulgarien*, im Norden *Ungarn* und *Rumänien* und als vierte Nation die kleine Insel im Laufe der *Donau*, die türkische Besitzung *Usun Ada*. Da wir uns in *Österreich* und *Ungarn* länger aufgehalten hatten, als es unsere beschränkte Zeit erlaubt hätte, so galt es nun in Gewaltmärschen die *Walachei* zu durchqueren, um rechtzeitig zu den Eröffnungsfeierlichkeiten der neuerbauten, großen Donaubrücke bei Cernavoda am 26. 9. 95 anzukommen.

Über *Craiowa* lenkten wir unsere Schritte nach den Ufern des *Aluta*, kreuzten mehrere von Norden nach Süden führende Landstrassen und passierten eine Reihe tief eingeschnittener Wasserläufe, die in südlicher Richtung der *Donau* zustrebten. Da die Sonnenglut des Tages uns die Gewaltmärsche durch diese rumänischen Niederungen fast unmöglich machte, so mussten wir auch die Nacht hindurch marschieren!

Leider ereignete sich hierbei – in Folge des, durch dichtes Gestrüpp fast unübersichtlich gewordenen, Geländes – ein sehr bedauerliches Unglück, in dem unser Kamerad Thoerner, welcher 20 Schritte vor uns war, in eine Erdspalte stürzte und so unglücklich mit dem rechten Knie auf einen Stein aufschlug, dass seine Kniescheibe brach. Auf einer, aus Zweigen improvisierten, Tragbahre transportierten wir den Ärmsten dann 6 Stunden weit bis *Oltu*, von wo er auf einem Bauernwagen nach dem »Bronchial-Hospital« in *Bukarest* gebracht wurde, welches wir gegen Mittag erreichten.

Wenn man die weiten, monotonen Gefilde der Walachei durchzogen hat, dann ist man erstaunt beim Anblick der schönen Großstadt *Bukarest* mit ihren modernen Gebäuden und ihrem großzügigen Leben. Hier konnten wir es uns wieder einmal wohl sein lassen und die Bukarester wetteiferten untereinander, uns den Aufenthalt bei ihnen unvergesslich zu machen.

Leider mussten wir unseren Kameraden Thoerner hier zurücklassen, da seine Heilung mindestens 2-3 Monate in Anspruch nehmen würde. Nur schweren Herzens blieb er zurück und Tränen glänzten in seinen Augen, als wir von ihm Abschied nahmen.

Die Uhr der Weltgeschichte aber tickte weiter und wir mussten eilen, um rechtzeitig *Cernavoda* zu erreichen, das bei unserer Ankunft schon in reichem Flaggenschmuck prangte, zu Ehren des rumänischen Königspaares, das am kommenden Morgen eintreffen sollte. Die Feierlichkeiten verliefen auf das Prächtigste. Als König Carol von Rumänien den letzten Nieten eingeschlagen und die Taufe vollzogen hatte, sausten mit Volldampf 16 mit grünen Girlanden verzierte Lokomotiven über dieses mächtige Bauwerk, welches hier die breite Donau überspannte.

Kanonendonner verkündete, dem zu Tausenden die Ufer säumenden Volke, die Vollendung des »Nationalen Werkes«. Die Feuerprobe war bestanden und wir begaben uns mit den Gästen zum Festsaal, wo wir zur Tafel geladen waren. Seine königliche Hoheit, der Kronprinz und Ihre Majestät »Carmen Sylva« begrüßten uns herzlich und erkundigten sich eingehend nach unseren Reiseplänen. Am selben Abend noch verließen wir die Donau und wandten uns nach Süden, der bulgarischen Grenze zu.

Über *Bazargic* und *Varna* kamen wir nach *Burgas*, umwanderten den weiten Meereseinschnitt, durchquerten den südlichen Teil von *Ost-Rumelien* und passierten bei *Smila* die türkische Grenze. Überall fanden wir – infolge unserer ausgezeichneten Empfehlungsbriefe – eine überaus freundliche Aufnahme.

Kirk Kilise war der erste größere türkische Ort und über *Lüle Burgaz* erreichten wir am 30. September die Vorstädte von *Constantinopel* – »Die Pforte der Glückseligkeit«!

Constantinopel nennt man auch die »Pforte zur Glückseligkeit«, welche sich amphitheatralisch auf der dreieckigen Landzunge erhebt, die bekanntlich im Norden von einer schmalen Bucht, dem Goldenen Horn, im Osten dem Bosporus und im Süden vom Marmarameer eingeschlossen wird. Die Stadt lag noch von einem dichten Nebel umschleiert, als wir dieselbe erreichten. Nur einzelne schwache Umrisse der unzähligen Kuppeln und Minaretts waren sichtbar. Sobald wir die Tore *Constantinopels* passiert hatten, befanden wir uns in einem Gewirr enger, schmutziger Gassen, zwischen denen nur wenige freie Plätze und schöne Strassen existieren. Alte Kirchhöfe und unzählige elende von Holz und Lehm gebaute Hütten, dazwischen einige Prachtbauten aus Stein.

Im Pera-Viertel hinter *Galatah* wohnen die Europäer. Die Hauptverkehrsader daselbst ist der Peracorso. Hier liegen die großen Gebäude, verschiedene Theater, Vergnügungslokale, Kasino, Schulen, Kirchen und Hotels. Dort lag auch das »Pera-Palace-Hotel«, ein schönes, kolossales Steingebäude, in dem wir abstiegen und von den Mitgliedern des »Deutschen Clubs« und des »Amerikanischen Konsulats« herzlich willkommen geheißen wurden. Von unserem Zimmer aus hatten wir eine herrliche Übersicht auf das »Goldene Horn« und *Stambul*, und am Abend im roten Schein der untergehenden Sonne gewährte das Ganze einen wirklich erhabenen Anblick.

In der Nacht wurde ich durch Salvenfeuer aufgeweckt. Ich schaute zum Fenster hinaus, konnte aber weiter nichts wahrnehmen, als dass diese Schüsse von *Stambul* herüber donnerten. Am anderen Morgen besuchte ich den Besitzer der »Deutschen Zeitung« (Osmanische Post), Professor Rosenfeld, welcher auf meine Frage, was das Abfeuern von Gewehren im Stambulviertel zu bedeuten habe, nur antwortete: »Politisch armenische Sache. Hier in *Constantinopel* darf man nur denken, nicht sprechen!!!«

Dies kam mir doch zu sonderbar vor. Ich wollte mich von der Lage der Dinge selbst überzeugen; und als sich nachmittags der Chef-Redakteur nach Stambul begab, schloss ich mich ihm an. Wir besuchten zuerst das Gebäude der türkischen Presse. Hier fand ich alle größeren Zeitungen der Welt in den verschiedensten Sprachen. Dann begaben wir uns zum Polizeiministerium. Das Gebäude war mit Militär umstellt, die umliegenden Geschäftshäuser geschlossen, an verschiedenen Stellen war die Strasse mit Blut besprengt.

Staunend betrachtete ich die ganze Situation und erst auf meine Bitte teilte mir mein Begleiter das Vorgefallene mit, nämlich, dass 500 Armenier einen Aufstand angezettelt hätten, dass man verlangt habe, den Polizeiminister zu sprechen und als man ihnen dies nur unter der Bedingung gestatten wollte, dass die betreffende Abordnung nur aus drei bis fünf unbewaffneten Personen bestehen dürfe, begann man gleichsam einen Sturm gegen das Ministerium. Das türkische Militär und die frühzeitig alarmierte Polizei vereitelten den Angriff. Die Armenier wurden zurückgeschlagen und ein großes Blutbad unter ihnen angerichtet.

Als wir nun in das Gebäude eintraten, belästigte man uns weiter nicht, da mein Landsmann hier schon bekannt war, denn oftmals musste er hierhin wandern, um Einspruch zu erheben, wenn man ihm seine Zeitung auf drei bis fünf Wochen – oder noch länger – geschlossen hatte, wegen Veröffentlichungen von Dingen, welche man in unserem Vaterlande als ganz harmlos und friedfertig bezeichnet hätte, hier aber ganz anders geahndet wurden.

Wir stiegen die Holztreppe hinauf zur zweiten Etage, woselbst ich sofort Seiner Hoheit, dem Kaiserlichen Polizeiminister der Türkei vorgestellt wurde. Sein Privatsekretär – ein Grieche namens Baron von

Teotoky, welcher auch deutsch sprach, verdolmetschte dasjenige, was ich erzählte. Der Minister interessierte sich so sehr, dass er mich trotz seiner bedeutenden Geschäfte und Aufstandsangelegenheiten über eine Stunde aufhielt und zuletzt, außer einigen herzlichen Grüssen, noch in mein Autogrammbuch die Bemerkung eintrug, dass die türkischen Behörden und Beamten mir überall liebenswürdig und zuvorkommend entgegenkommen möchten.

Von hieraus begab ich mich zum Pera-Quartier zurück, woselbst ich dem deutschen Konsul einen Besuch abstattete und ihn bat, meinen Pass abzustempeln, damit der russische Konsul denselben für *Kaukasien* visieren könne. Alle Behörden und Konsuln der von mir passierten Staaten waren mir auf das Liebenswürdigste entgegengekommen; sogar die türkische Regierung hatte mir auf Empfehlung des türkischen Ministers Rechid in *Bukarest* einen Freipass ausgestellt.

Hier in *Constantinopel* gedachte ich ein gleiches Entgegenkommen seitens des deutschen Konsuls zu finden, sah mich aber sehr getäuscht. Alle Bemühungen meinem Landsmann gegenüber, damit auch er den Pass freistempele, misslangen. Gut oder schlecht – ich hatte 3 Kurus zu entrichten, indem er behauptete, sich fest ans Gesetz halten zu müssen.

Anschließend suchte ich das russische Konsulat auf. Dem Sekretär dortselbst legte ich meinen Pass vor und bat um ein freies Visum. Der Sekretär erwiderte hierauf: »Meine Herren, Ihr eigener Landsmann verweigerte Ihnen, den Pass frei zu stempeln! Wie können Sie ein freies Visum von Seiten einer fremden Nation beanspruchen?!«

Ich legte nun dem Sekretär die Bedingungen und Schwierigkeiten meines Unternehmens ans Herz, worauf derselbe dem russischen Generalkonsul die Angelegenheit überbrachte. Dieser kam persönlich und teilte uns mit, dass er in Anbetracht der großen Reise, bei der uns alle Nationen der Welt ihre Unterstützung in vollem Maße zu Teil werden ließen, nicht zurückstehen wolle und dass auch er gerne bereit sei, den Pass frei zu visieren. Das Gefühl, welches in diesem Augenblick mein patriotisches Herz empfand, will ich unerwähnt lassen.

Doch wenn ich hier oder da, über die deutschen Vertretungen dem Deutschen gegenüber spreche, so rechtfertige ich nur das Verlangen, welches mir seitens tausender Landsleuten im Ausland gestellt wurde!

Die Stunden unseres Aufenthaltes in *Constantinopel* flossen schnell dahin. Die Stadt machte auf mich keinen angenehmen Eindruck; von alledem, was ich in »Tausend und einer Nacht« über die »Pforte der Glückseligkeit« gelesen hatte, habe ich nichts gesehen – wohl aber eine Unmasse räudiger Hunde. Oft hörte ich von Überfällen, Mord und Fanatismus. Es gärte im Volke der große armenische Aufstand. Ich selbst wurde verschiedene Male von Patrouillen angehalten und nach Waffen untersucht. Der Sultan hatte einen Befehl veröffentlicht, der auch auf den Straßen bekanntgemacht wurde, worin es hieß, dass kein Untertan des türkischen Reiches, ob Christ oder Mohammedaner eine Schieß- oder Stoßwaffe bei sich tragen dürfe.

Ich sah, wie man die Leichname der heimlich ermordeten Armenier nachts in Säcken fortschleppte, um selbige unbemerkt verschwinden zu lassen. Einen derartigen Sack fand ich in einer Nische der vielen schmalen Gässchen im griechischen Viertel, in der Nähe des Hafens. Als ich denselben mit meinem Taschenmesser öffnete, fand ich in demselben zu meinem Entsetzen abgehauene Hände und sonstige Gliedmaßen.

Die türkische Regierung verweigerte mir die Erlaubnis, den kleinasiatischen Kontinent zu Fuß zu durchqueren, da dieselbe des Aufstandes wegen für mein Leben keine Garantie übernehmen konnte. Aus diesem Grunde sahen wir uns gezwungen, den Weg nach *Batum* im *Kaukasus* per Schiff zurückzulegen.

Im deutschen Vereine hatten wir die Bekanntschaft eines Herrn Knoll aus *München* gemacht, der sich zur Zeit auf einer Radreise um die Erde befand und schon längere Zeit in *Stambul* weilte. Auch er konnte keine Erlaubnis erhalten, seine Reise durch Armenien fortzusetzen.

Ich atmete auf, als wir am Abend des 1. Oktober den österreichischen Lloyddampfer »Venus« betraten, um *Constantinopel*, den schauerlichen und wilden Schauplatz zu verlassen. Auch der Weltradler Knoll hatte sich auf diesem Dampfer eingeschifft. Die Sonne ging schon unter, als unsere »Venus« die Anker lichtete. *Constantinopel* machte so vom Wasser aus gesehen einen imponierenden Eindruck; unzählige große und kleine Lichter glitzerten durch die Dunkelheit, langsam setzte sich das Boot in Bewegung und dampfte durch den Bosporus. Bald war das offene Meer erreicht, die letzten Lichtstrahlen der europäischen Küste streiften unser Auge, dann verschwand der heimatliche Kontinent in Nacht und Nebel!

II
Asien

(1. Oktober 1895 – 6. Juni 1896)

Constantinopel–Jokohama

Constantinopel–Tiflis

Das Leben und Treiben an Bord war höchst interessant. Dabei war das Schiff geradezu vollgepfropft mit Türken und Armeniern, denn viele hatten des Aufstandes wegen Constantinopel verlassen, um nach ihrer Heimat Kleinasien zurückzukehren. Jedoch die meisten Armenier gingen ihrem Untergang entgegen. Gerade wie die Tiere lagen diese schmutzigen Menschen auf dem Deck des Schiffes. Einzelne spielten Karten, andere eine Art Domino, wieder andere beteten oder sangen. Frauen machten sich gegenseitig die Haare, wobei sie hier und da ein kleines lebendes Tierchen hervorzogen, um dasselbe in Freiheit zu setzen.

Die Männer rauchten, tranken den landesüblichen Mocca oder Arrak, aßen Reis oder aber lagen faul auf ihren Decken ausgestreckt und starrten zum blauen Himmelszelte empor, sperrten gähnend den Mund auf, als sollten ihnen gebratene Tauben hineinfliegen. Verschiedene Türken putzten ihre Waffen oder flickten ihre Gewänder. Händler mit Orangen, Feigen und Nüssen drängten sich dazwischen, in langgezogenen, melancholischen Lauten ihre Ware feilbietend.

Bei stürmischem, dunklem Wetter und strömendem Rege erreichten wir die Stadt *Samsun*, das alte *Amisos* an der gleichnamigen Bucht, zwischen der Mündung des *Kisil-Irmak* und des *Ieschil-Irmak*. Auch hier betrat ich die Stadt, welche schön gelegen und von herrlichen Gärten umgeben ist. In Gesellschaft eines Herrn aus *Wien* – ebenfalls Passagier – besuchte ich mehrere Geschäftshäuser, der ganze Großhandel lag in den Händen der Armenier.

Der Verkehr war sehr rege, auch das Leben und Treiben in den Straßen war hochinteressant. Aber heute musste man gar zu viel auf sich selbst achtgeben, denn in dem vom Regen aufgeweichten Boden sank der Fuß bei jedem Schritt tief in den Morast. Nur mit genauer Not entging ich selbst dem Geschicke, eine nähere Bekanntschaft mit diesem schlammigen Element zu machen.

Am Nachmittag kehrten wir aufs Schiff zurück und bald darauf setzte sich der Dampfer in östlicher Richtung in Bewegung. Am Morgen des 8. Oktober um 7 Uhr ging unsere »Venus« auf der Reede von *Trapezund* an der Küste Kleinasiens vor Anker. *Trapezund* liegt am Abhang des Kolat-Gebirges, welches hier nach dem Meer hin steil abfällt. Die Stadt ist von bedeutendem Umfange, da sie viele schöne Gärten in sich einschließt; rechts auf einem Felsenvorsprunge die Zitadelle, dicht davor unten am Wasser das Zollhaus. Die Türme zahlreicher Moscheen ragen über das Häusergewirr heraus und verleihen dem Ganzen einen orientalischen Charakter!

Türken, Armenier, Griechen, Perser haben sich hier niedergelassen. *Trapezund* ist in Folge seiner günstigen Lage der Hauptstapelplatz zwischen Europa und Vorderasien und täglich kommen und gehen viele große Karawanen von und nach dem Innern. Hier ist der Ausgangspunkt der altbekannten Kaiserstraße, welche sich zuerst am östlichen Stadtviertel hinaus an der Küste des Schwarzen

Meeres entlangzieht, dann zwischen zwei Hügeln hindurch nach dem Innern wendet, und über *Erserum, Teheran, Meschhed* durch Asien bis nach *Peking* in *China* führt.

Als wir auf der Reede von *Trapezund* eintrafen, war der Himmel wolkenlos, die goldene Sonne lachte uns freundlich zu, ruhig lag das Meer und niemand konnte ahnen, dass wir in kurzer Zeit ein Schauspiel zu erwarten hatten, welches roher und unmenschlicher im Angesicht des europäischen Kontinents nicht zu denken war.

Kaum hatte das Schiff beigedreht, als selbiges wie von einem Bienenschwarm von kleinen Nachen, welche von Türken und Armeniern besetzt waren, umringt wurde. In großer Hast ruderten die Leute der Fallrefftreppe zu, um selbige zu besteigen. Es war ein Drängen und Stoßen, ein Schreien und Fluchen, die Hinterleute sprangen über die Nacken der Vorderen hinweg, einer warf den andern zur Seite, jeder wollte zuerst an Deck sein, um einige Piaster zu verdienen. Ich stand auf dem Oberdeck und beobachtete die ganze Situation. Ich staunte über die Wildheit, mit der diese Menschen (nicht gleich solchen, sondern mehr Bestien ähnlich), sich auf Passagiere und Waren warfen.

An Bord befanden sich auch 5 türkische Gefangene, welche von 10 Soldaten begleitet wurden. Diese Soldaten waren das Vorbild türkischer Disziplin, Reinlichkeit und Ordnungsliebe. Die Röcke waren zerrissen und voll Schmutz, überall ragte das graue Futter durch und die Soldaten hatten mehr das Aussehen unserer alten Landsknechte. Die Knöpfe waren abgerissen, so dass der Waffenrock offen stand. Fast jeder hatte ein anderes System von Gewehr, ihr Benehmen und ihre Haltung waren unter aller Kritik.

Als die türkischen und armenischen Boote mit den Passagieren und dem Gepäck gefüllt waren, ruderten sie zurück zur Küste. Als ich, an einen Mastbaum gelehnt, das Ausladen der Waren beobachtete, wurde ich durch heftiges Gewehrfeuer, das vom Ufer aus herüberschallte, aufgeschreckt. Sosehr ich mich auch anstrengte, konnte ich weiter nichts wahrnehmen als Pulverdampf, welcher hinter den niedrigen Holzhäusern aufstieg. Bald darauf vernahm ich die Stimme eines Rufers vom Turme einer Moschee – und kaum hatte derselbe beendet, als auch schon von allen Stadtteilen Schüsse herüberdröhnten. Der ganze Ort befand sich bald darauf in großer Aufregung, alles lief wie toll durch die Straßen.

Die an unseren Booten beschäftigten Türken und Armenier ließen ihre Arbeit im Stich. Erstere sprangen in ihre Nachen und ruderten in wilder Hast dem Ufer zu, letztere verschwanden unbemerkt. Wie von einem elektrischen Strahle war die Stadt und ihre Umgebung entzündet – das Militär rückte mit angelegten Gewehren heran, Kavalleristen sah man über die umliegenden Hügel und Landstraßen dahinsprengen. Die noch vor wenigen Augenblicken so belebten Werftanlagen waren wie ausgestorben. Kein Arbeiter war mehr zu sehen, nur unaufhaltsam knatterte das Salvenfeuer und erdröhnte die Luft, dazwischen das herzergreifende Geschrei der fliehenden Weiber und Kinder.

Sie hofften die schöne Prozession zu sehen, nun sahen Sie in Trapezunt Mord und Raub am hellen Tage den 8. Oktober 1895 ?!! Adieu

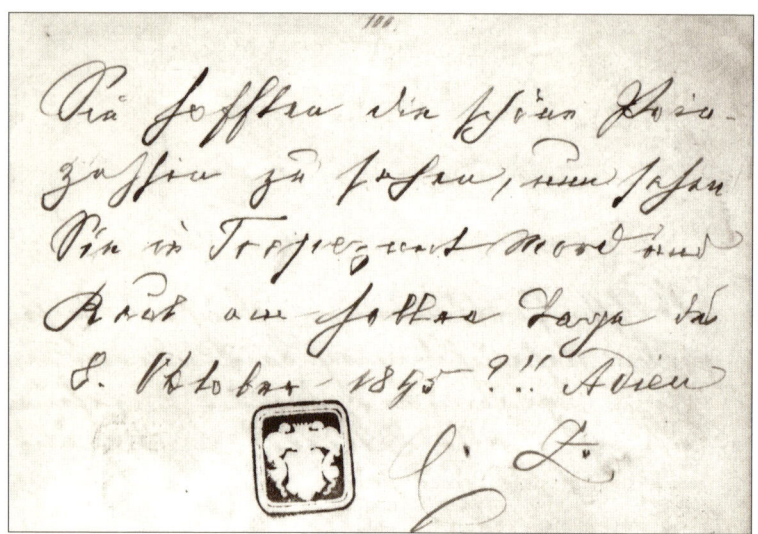

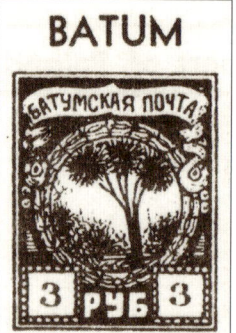

Widmung des österreichischen Konsuls nach dem Aufstand in Trapezund

»Den ganzen Tag über verstummte das Schießen nicht«: Armenieraufstand in Trapezund

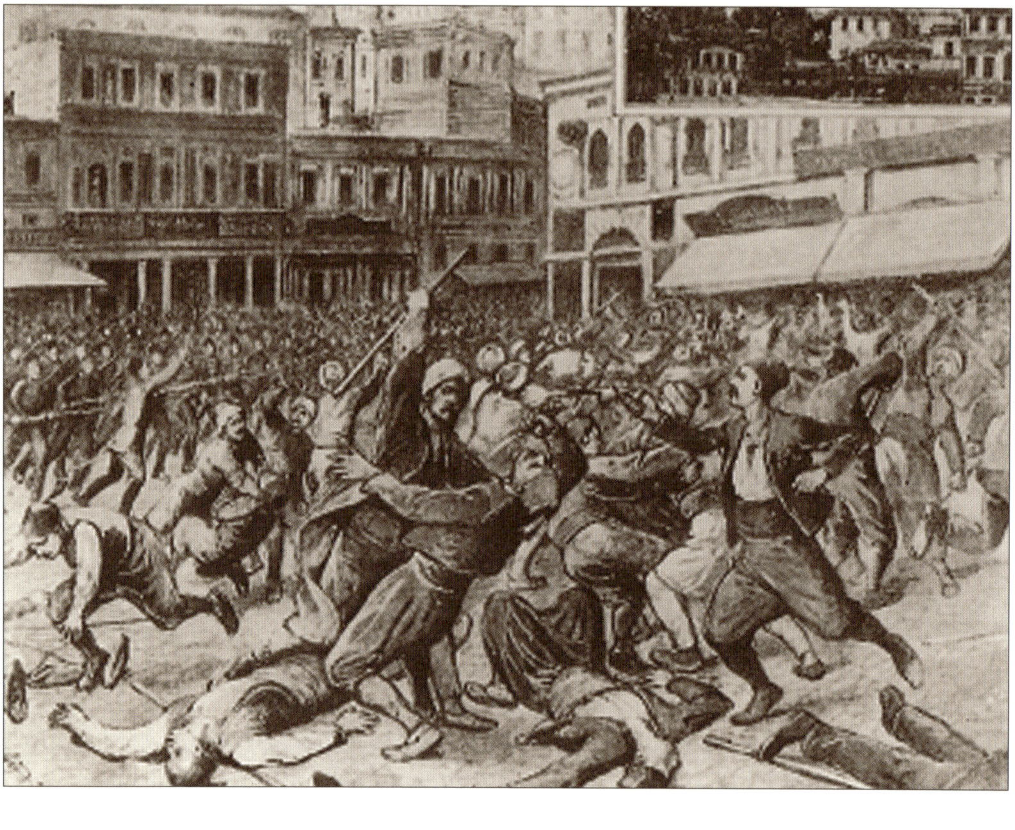

Gastliche Aufnahme im »Hotel de Londres« bei Helene Richter

Stempel von Tiflis

Autogramme von Dr. Günther Radde, dem deutschen Direktor des Kaukasischen Museums in Tiflis, und von Frau Helene Richter (unten)

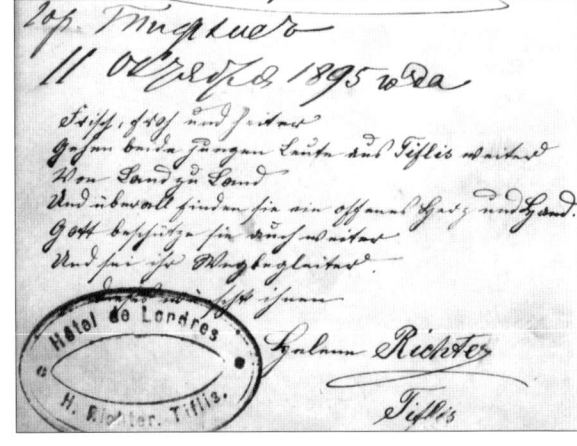

Da rannte in wilder Hast ein Mann um die Ecke des Zollhauses dem Meere zu, aber ehe er es erreichte, krachte ein Schuss und vor meinen Augen stürzte er tot zu Boden. Da wälzte sich ein Menschenknäuel heran, ich sah ein Raufen und Reißen, ein Stoßen und Schlagen: Einige Türken wollten einen Armenier lebendig in die Fluten des Schwarzen Meeres stürzen. Dieser wehrte sich voller Verzweiflung und flehte um Erbarmen, aber die Wut der Fanatiker war zu groß. Fünf Mann erfassten ihr Opfer und stürzten es ins Meer, doch zum Glück war das Wasser nicht tief, es reichte ihm nur bis zur Schulter.

Er hob beide Hände bittend empor, dass man ihn verschonen solle, doch die Blutgier der Türken war größer, als ihre Nächstenliebe und man fing an, den Ärmsten zu steinigen, doch er tauchte immer wieder auf. Da fuhr ein Boot hinzu – dessen Insasse erlöste den halb zu Tode gemarterten Mann mit einem Ruderschlag von seinen Qualen. Ein anderer Mann lag angeschossen am Ufer und versuchte, mit letzter Kraft und Anstrengung sich zu erheben. Mittlerweile hatte sich eine Schar Türken um den Verwundeten versammelt, aber nicht, um diesen zu verbinden oder fortzutragen, sondern um ein böses Spiel mit ihm zu treiben: Sobald derselbe sich aufzuraffen versuchte, stieß und schlug man ihn mit einer langen Stange zu Boden.

Ununterbrochen krachten Gewehrsalven durch die Stadt, oft sausten die Kugeln über unsere Köpfe an Bord des Schiffes, welches gerade in der Schusslinie lag. Etwa 100 Meter hinter uns lag ein russischer Dampfer, auf den sich der russische Konsul geflüchtet hatte. Da ruderte ein Boot – mit Armeniern besetzt – in wilder Hast diesem Schiffe zu, um hierauf ihr Leben zu retten, doch gleich dahinter ihre Verfolger, die Türken.

Nun gab es ein Rudern auf Leben und Tod – im wahrsten Sinne des Wortes. Dadurch bekamen die Armenier einen bedeutenden Vorsprung. Als dies von den Türken bemerkt wurde, gaben sie die Verfolgung auf, da sie selbstverständlich glaubten, dass der russische Dampfer den Armeniern eine rettende Scholle bieten würde. Mit angehaltenem Atem und laut pochendem Herzen hatte ich das Schauspiel beobachtet und war innerlich erfreut, diese armen Menschen gerettet zu wissen. Doch das Unglaublichste geschah, was ich niemals für möglich gehalten hätte: Als die Armenier die Fallrefftreppe des Dampfers hinaufsteigen wollten, warf man von oben mit Gegenständen und trat sogar mit Füßen nach diesen Leuten, so dass denselben der Zutritt auf Deck unmöglich wurde.

Als dies die noch in der Nähe befindlichen Türken bemerkten, fassten sie neuen Mut und ruderten, ein markerschütterndes Kampfgeschrei anstimmend, gleich wilden Indianern, mit vor Wut verzerrten Gesichtszügen, vor Blutdurst lechzend so schnell sie konnten den Armeniern nach. Nur ein kurzer Moment und die beiden Boote stießen zusammen. Mit großen runden Messern, den Kandscharen, und schweren Rudern schlugen die fanatischen Türken gleich Wahnsinnigen auf die in Todesangst an der Treppe hängenden Armenier ein, bis dieselben in den Fluten des Schwarzen Meeres versanken.

Den ganzen Tag über verstummte das Schießen nicht. Am Abend, als es dunkel wurde, sahen wir in der Umgebung von *Trapezund* die armenischen Niederlassungen und Kirchen abbrennen, in denen sich Hunderte von christlichen Frauen und Kindern geflüchtet hatten. Die Orte waren von Militär umzingelt und es blieb den Einwohnern nichts anderes übrig, als zwischen Feuer und Blei den Tod zu suchen. Hochauf am Himmel loderten die Flammen, hell erleuchtend die finstere Nacht.

Unsere »Venus« lag still, die Arbeit unterbrochen. Man wartete alle Stunden auf eine Note des österreichischen Konsuls, als jedoch nach 3 Tagen noch keine nähere Nachricht angelangt war, betrat ich in Begleitung meines Freundes am 11. Oktober 1895 morgens um 10 Uhr das Land.

Auf der Polizeistation mussten wir unsere Pässe zurücklassen und wir wurden von einer Militäreskorte durch die Stadt geführt. Schrecklich sah es hier aus: Alle Geschäfte waren geschlossen, die Straßen mit Blut getränkt, hier und da stolperte man über Berge von Leichen ermordeter Armenier. Mit unseren Füßen mussten wir durch diese Blutlachen schreiten, heiß durchlief es mich, unsere Augen schweiften von einer Seite zur andern. Überall, wo wir einen Schatten erblickten, dachten wir, einen Mörder zu sehen – und doch gebot es unsere noch so peinliche Lage vollkommene Ruhe zu bewahren. Im kritischen Augenblicke würden diejenigen, welche uns jetzt schützten, die Ersten sein, die uns als »Christenhunde« mit dem ruhigsten Gewissen niederstoßen würden.

Der Weg führte zuerst die breite Hafenstraße hinauf und schwenkte links in eine große Geschäftsstraße, doch alle Häuser waren wie ausgestorben, Fenster und Türen zerschlagen, eine unheimliche Stille herrschte ringsum; nur hier und da gingen vereinzelte Leute stumm durch die Straßen. In kriegsmäßiger Ausrüstung standen und saßen wie festgemauert Militärposten an den verschiedenen Ecken. Aus den kleinen Gassen drang das Jammern der Weiber und das Schreien der Kinder, deren Ernährer und Vater erschossen oder erschlagen worden waren, an unser Ohr und trug wenig dazu bei, unsere Stimmung zu verbessern.

Nach zehn Minuten bogen wir in eine schmale Gasse ein, an deren Ende, auf der linken Seite, das österreichische Konsulat lag. Vor dem großen Tore kauerten sechs türkische Soldaten als Wache, welche bis an die Zähne bewaffnet waren. Nachdem wir geklingelt hatten, öffnete uns der Konsuldiener die Tür. Der Konsul und seine Familie empfingen uns recht herzlich, waren aber sehr ergriffen über das in den letzten Tagen Vorgefallene. Er teilte uns mit, dass sich etwa 200 Frauen und Kinder unter den Schutz der österreichischen Flagge geflüchtet hätten und sich in seinem Garten aufhielten.

Auch sei eine große Anzahl alter Männer, wehrloser Weiber und Kinder im Jesuitenkloster, doch seien dieselben alle in einem so erbärmlichen Zustande, dass er befürchte, jeden Augenblick könne eine gefährliche Krankheit unter diesen Leuten ausbrechen. Er selbst sei seines Lebens nicht sicher! Den Dampfer »Venus« müsse er zu seinem persönlichen Schutz zurückbehalten. Er bedaure, dass dadurch unsere Reise sich verzögern würde. Heute käme jedoch ein dänisches Schiff, auf welchem wir die Reise fortsetzen könnten!

Nachdem wir uns ungefähr eine Stunde beim Konsul aufgehalten, von ihm und seiner Gattin aufs Liebenswürdigste bewirtet worden, empfahlen wir uns und kehrten zum Dampfer zurück. Mittlerweile hatte sich der Himmel mit schweren dunklen Wolken überzogen, dicke Regentropfen fielen nieder, Blitze durchzuckten die Luft und während die Sonne, in dichtem Nebel verhüllt, hinter den Bergen versank, sahen wir am Himmel eine wunderbare Erscheinung: Eine der riesigen Wolken nahm eine feuerrote Farbe an, als wenn die Mordtaten des Tages sich auf derselben widerspiegelten. Auf die ganze Stadt, ihre Umgebung und das Schwarze Meer warf sie einen blutroten, bedeutungsvollen Reflex. Nur 40 Sekunden währte dieses erhabene Schauspiel. Dann begann es in Strömen zu regnen, die Blitze zuckten immer schneller, die Donner krachten und rollten unheimlich – und es war, als zürne der Allmächtige über den Schauplatz der Insurrection.

Währenddessen begaben wir uns zum dänischen Dampfer »Alexandria«, um auf demselben die grausige Stadt zu verlassen. Gleichzeitig hatte man auf einem türkischen Militärschiff 200 Kavalleristen – nebst Pferden – eingeschifft, welche zu dem Gemetzel eigens aus Constantinopel herbeordert worden waren. Unter lauten Hochrufen auf den Sultan dampften die Soldaten an uns vorüber.

Etwa 800 Armenier sollen bei diesem Aufstand umgekommen sein, doch jedenfalls ist diese Zahl viel zu gering. Auf türkischer Seite hatte man nur wenige Tote zu verzeichnen, ein Umstand, welcher darauf zurückzuführen ist, dass die Armenier überrumpelt wurden, unbewaffnet und meiner Überzeugung nach große Feiglinge waren.

Unser Schiff steuerte in östliche Richtung nach *Batum*. Am Morgen des 16. Oktober trafen wir in *Batum* im Kaukasus ein. Es war ein bequemer Hafen und unser Schiff konnte bis dicht an die Stadt herandampfen. Kaum war der Anker gefallen, als drei russische Zollbeamte an Bord stiegen. Auf dem Vorderdeck ging es toll her, die Passagiere drängten sich mit ihren Kisten und Kasten zum Ausgange des Schiffes. Die Zollbeamten liefen dazwischen und suchten hier und da eine Flasche »Wuthkie« zu erhaschen, die sie den Passagieren ohne langes Federlesen fortnahmen, an den Mund setzten und austranken.

Nach Verlauf einer halben Stunde erschienen auch die Zolloffiziere in ihren langen, grünen Röcken und großen weißen Mützen. Wir legten ihnen unsere Zollpapiere vor, die uns auf liebenswürdigste Weise von der russischen Botschaft in *Wien* zur Verfügung gestellt worden waren, damit wir zollfrei das Land betreten durften. Außerdem besaßen wir ein russisches Empfehlungsschreiben, in dem es hieß, dass die russischen Zivil- und Militärbehörden uns in jeder Weise freundlichst aufnehmen und weiter helfen sollten.

Diese Papiere verfehlten ihre Wirkung nicht und vor allen anderen Passagieren konnten wir das Schiff verlassen, bestiegen ein kleines Boot und fuhren zum Ufer. Der Bootsführer verlangte einen unverschämten Preis – wir bezahlten jedoch nur das, was wir für gut fanden. Als er hiermit nicht zufrieden war, wurde ihm von Seiten eines russischen Polizisten, der direkt bei der Hand war, noch ein Trinkgeld ausgezahlt, welches mich sofort überzeugte, dass auch hier die Sicherheitsbeamten gar nicht so links sind.

Der deutsche Konsul Burkhard, ein sehr zuvorkommender und liebenswürdiger Herr, lud uns freundlichst ein, während des Aufenthalts in *Batum* seine Gäste zu sein. Am Morgen des 17. Oktober verließ ich in Begleitung meines Kollegen und des Weltradlers Knoll die Stadt *Batum*, nachdem wir uns zuvor über die einzuschlagende Route genau informiert hatten. Von Seiten des deutschen Konsuls und vielen anderen Deutschen war uns abgeraten worden, den Kaukasus zu durchqueren. Man erzählte von Räubereien und Überfällen und man wusste bestimmt, dass wir dieses wilde Land nicht glücklich passieren würden. Aber wie überrascht waren wir beim Anblicke der herrlichen Landschaften, beim Verkehr mit diesem schönen Volke!

Gegen Nachmittag erreichten wir den Ort *Tschakma*, woselbst wir eine deutsche Dame, Baronin Wutschini, besuchten, die Gemahlin eines russischen Staatsbeamten, welcher sich hier an einem der idyllischsten Plätze des Kaukasus niedergelassen hatte. Die sanft gewellten Hügel, mit frischem Grün bedeckt, treten fast dicht an das Schwarze Meer, welches sich hier in einer weiten Bucht ausdehnt. Die Fluten glitzerten silbern im hellen Sonnenschein. Man dünkte sich in eine künstliche Flora versetzt. Wohin das Auge schaute, eine üppige Vegetation, eine herrliche Fauna, ein wahrer Genuss für das menschliche Auge.

In der Villa »Miramara« wurden wir mit großer Freude empfangen und herzlich willkommen geheißen, wir verlebten daselbst einen angenehmen Nachmittag. Die Wanderung des folgenden Tages führte uns im Zickzack durch wunderbare Landschaften und dichte Waldungen am Südabhange einer steilen Gebirgskette entlang, durch das Tal des *Rioni* nach *Nigoiti*. Hier in der Nähe befindet sich die Niederlassung des georgischen Fürsten »Dimitri Mateutatzki«, die wir erst nach Sonnenuntergang erreichten. Auch hier wurden wir in gleichherziger Weise empfangen. Die Gemahlin des Fürsten war eine Engländerin, und so war es nicht schwer, sich mit Hilfe meines amerikanischen Kollegen mit dieser Dame aufs Beste zu unterhalten.

Ein lustiger Ritt in die Umgebung füllte die Stunden des kommenden Morgens aus. Am Nachmittage erschien eine auserlesene Gesellschaft von Georgiern und Georgierinnen. Dieselben führten heimische Tänze auf, an denen wir uns später beteiligten. Es war ein so gemütliches, ungezwungenes Vergnügen in fröhlicher Gesellschaft, in der man aber nichtsdestoweniger scharf auf die Etikette achtete. Nach Beendigung der Spiele setzte man sich um die dampfende Teemaschine, den »Samowar«, und schlürfte bei heiterer Unterhaltung den russischen Tee, bis sich um 8 Uhr abends die Gesellschaft verabschiedete.

Der Weg von hier bis *Tiflis* nahm immer mehr ab an Naturschönheiten. Das Land wurde bergiger und wir stiegen zu einem Passe empor, von wo aus wir eine schöne Übersicht auf das, im östlichen Tale gelegene *Mislailowa* hatten. Die Temperatur in der Sonne betrug am Morgen 39 Grad Celsius – eine unausstehliche Hitze, die den Marsch bedeutend erschwerte. Mein Kollege und ich trennten uns von dem Radfahrer Knoll, den wir auch dann nie wiedersahen, und setzten alleine die Reise nach Osten fort. Durch Felsenschluchten und Tunnels ging es an verschiedenen großen Steinbrüchen vorüber, in denen emsig gearbeitet wurde. Am 22. Oktober zeigte das Thermometer um 7 Uhr morgens nur 6 Grad Celsius und die Kälte machte sich sehr unangenehm bemerkbar.

Von *Gori* aus führte die Route am linken Ufer des Flusses *Kura* entlang, dasselbe zeigte große Auswaschungen – oft bis zu 30 Meter tief – die jetzt bei niedrigem Wasserstand trocken lagen. Links zog sich ein niedriges, sandiges, mit Steppengras bewachsenes Hügelland, längs dem Flusse, dahin. Auf einzelnen hohen Bergkegeln und Felsvorsprüngen sah ich Ruinen alter georgischer Burgen und Festungen, welche mitunter gleich Schwalbennestern an den steilen Abhängen angebracht waren.

Tiflis–Baku

Unsere nächste Station war *Tiflis*, die Hauptindustrie- und Handelsstadt des *Kaukasus*, die an beiden Ufern des *Kuraflusses*, in einem engen Talkessel liegt. Die Bauart der Stadt sowie die Lebensweise der Einwohner ist eine Mischung von asiatischem und europäischem Einfluss. Im Hotel »de Londres«, dessen Besitzer ein Deutscher war, fanden wir in gastfreundlichster Weise Aufnahme. Man rüstete uns sogar für die Weiterreise mit allen nötigen Utensilien aus.

»Fürst Matschukoff lässt Sie bitten, nach dem Souper sein Gast zu sein,« meldete mir der Oberkellner des Hotels »de Londres« in Tiflis, als ich mit der Besitzerin des Hauses, Frau Witwe Richter, einer liebenswürdigen, in Deutschland gebürtigen Dame, zu Tisch saß. Als der Kellner fort war, sagte mir meine Gastgeberin: »Der Fürst interessierte sich sehr für Ihre Weltumwanderung! Als ich ihm gestern von Ihrer Ankunft erzählte, war er ganz begeistert und wünschte Sie zu sehen!«

So begab ich mich denn nach dem Abendbrot hinüber zum »Fürsten Matschukoff«, der in einem Nebenzimmer des Hotels mich bereits erwartete. Auf dem Tische prangte in einem silbernen Eiskübel eine Flasche Champagner, die der Oberkellner im Begriffe war zu öffnen. Der Fürst begrüßte mich aufs herzlichste, drückte mir innigst die Hand und bat mich in geläufigem Deutsch, neben ihm Platz zu nehmen. Inzwischen hatte der geschäftige Kellner die Kelche gefüllt und indem der Fürst einen derselben erhob, sagte er: »Ich habe von Ihrem interessanten Unternehmen bereits in den Zeitungen gelesen, darf ich Sie daher bitten, mit mir auf ein glückliches Gelingen desselben anzustoßen?« Und so tranken wir denn auf das Wohl einer guten Vollendung der Reise.

»Sie sind Deutscher vom Rhein, und nun im Begriffe, Asien zu durchwandern,« fuhr der Fürst fort, »wie kamen Sie eigentlich auf die originelle Idee einer Fußwanderung rund um die Erde?« Ja, das »Wieso?«, »Warum?«, »Woher?« und »Wohin?« waren die üblichen Fragen, die täglich immer und immer wieder an mich und meine Sportskameraden gestellt wurden. In der Tat war diese Wanderung etwas Außergewöhnliches, die denn auch seit »Marco Polos« Wanderungen nach China niemals mehr in dieser Form durchgeführt worden war.

Vor der Tat steht der Gedanke, und der Wunsch ist die Mutter der Initiative, die nur auf den Moment wartet, verwirklicht zu werden. Nachdem ich dem Fürsten eine kleine Einleitung meiner bisherigen Reise erzählt hatte, schaute er mich einen Moment bewundernd und fragend an: »Das ist ja fabelhaft, dieser Unternehmensgeist in diesen jungen Jahren,« sagte er und musterte mich vom Kopf bis zu den Füssen.

So entspann sich bald eine fließende Unterhaltung. Ich erzählte in kurzen Umrissen die bisherigen Erlebnisse meiner Wanderung durch Österreich, Ungarn, Serbien, Rumänien, Bulgarien und die Türkei. Ich schilderte meine Erinnerungen an den armenischen Aufstand in

II. Asien

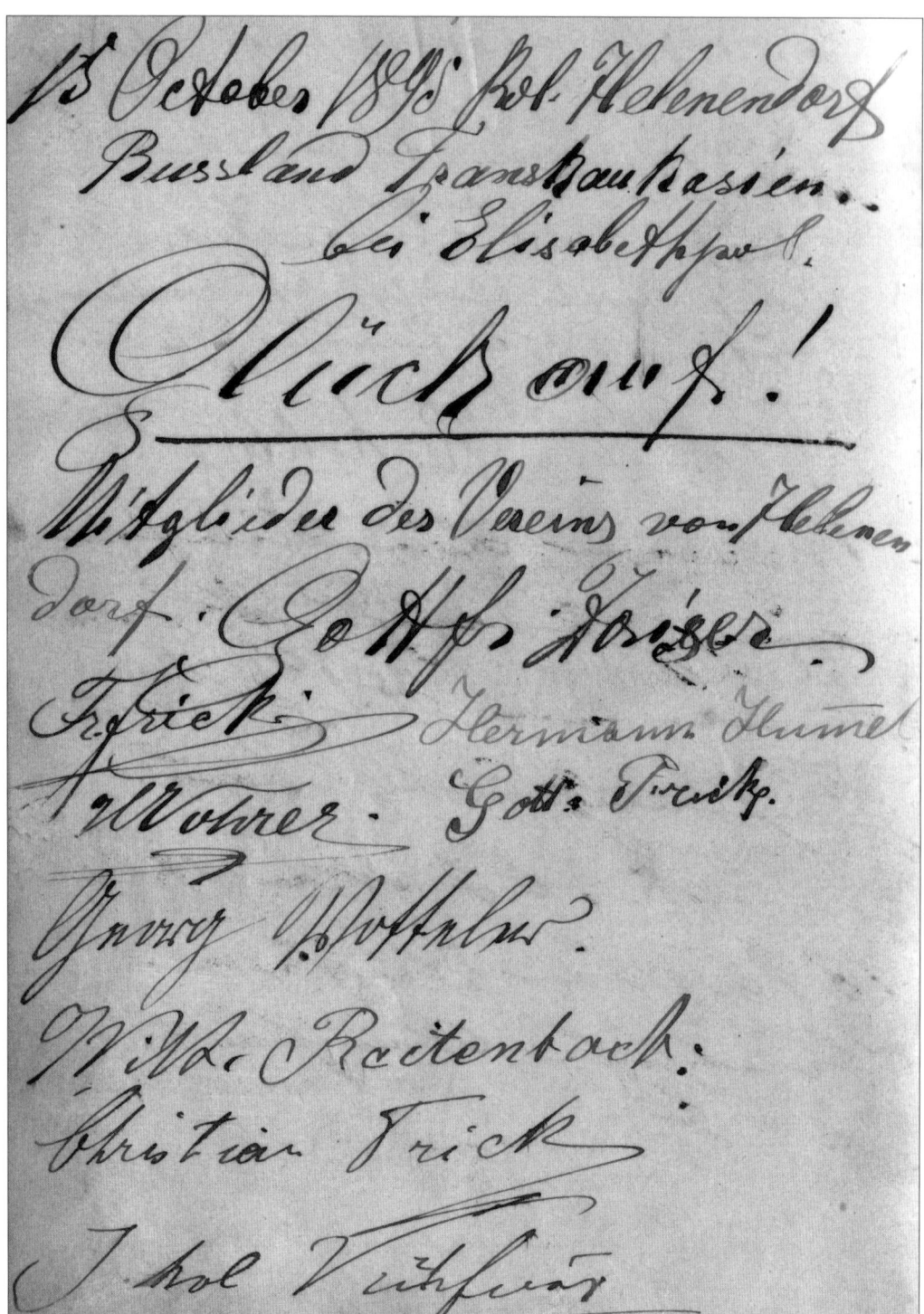

»Glück auf« – Unterschriften aus dem schwäbischen Dorf Helenendorf im Kaukasus

Gottfried Zaiser, Vorsitzender des Vereins »Helenendorf«

In Elisabethpol: Alle wollten unterschreiben (Die drei Kreuze sind von einem Schuster, der nicht schreiben konnte.)

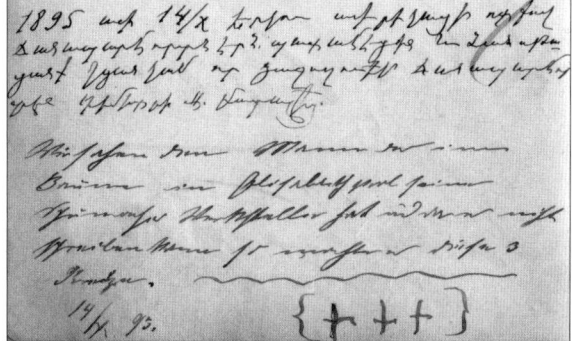

Kamelkarawane im Kaukasus

Kleinasien, die Christenverfolgungen und Metzeleien in *Trapezund*, deren Augenzeuge ich gewesen war.

Dann schilderte ich meine Wanderungen von Batum aus durch den Westen Transkaukasiens, sprach von den gastlichen Aufnahmen bei den vielen georgischen und grusinischen Adelsfamilien und Fürsten, bis zu meinem Einmarsch in *Tiflis*.

Ich hatte inzwischen dem Fürsten mein Kontroll- und Autogrammbuch vorgelegt, mit den vielen privaten und behördlichen Einzeichnungen, Widmungen und Beglaubigungen. Ich hatte – wie so oft – das Gefühl, dass man an den Tatsachen meiner Erzählungen Zweifel hegen könnte: Wie es überhaupt für einen so blutjungen, schmächtigen und schlanken Jüngling möglich sein könne, alle diese anstrengenden Strapazen dieses gefahrvollen Unternehmens durchzuhalten? So kam es auch, dass sich besonders die Damen allerorts verpflichtet fühlten, mich zu bemuttern und zu betreuen; so wie hier in *Tiflis* meine gute Wirtin, Frau Richter, die uns kostenlos als Gäste in ihrem Hotel aufgenommen hatte und alles aufbot, uns den Aufenthalt in ihrem Hause so angenehm wie möglich zu gestalten.

Aber der Fürst hatte doch wohl selbst im Laufe der Unterredung die Überzeugung gewonnen, dass in meinem schmächtigen Körper eine starke Seele steckte, für deren Willenskraft es nur eine Parole gab: »Ich will!« Als wir im Verlauf unserer Unterhaltung dann auf unsere weitere Reiseroute zu sprechen kamen, und ich dem Fürsten berichtete, dass wir durch *Turkestan* zum *Oxus* marschieren und von dort über den *Hindukusch* nach *Tibet* und *China* vordringen würden, verriet er mir seine persönlichen freundschaftlichen Beziehungen zum Generalgouverneur von *Transkaukasien*, der seinerseits besonderen Einfluss beim Auswärtigen Amte in *Petersburg* und auf den Generalgouverneur in Transkaspien habe. Er müsse zwar am folgenden Tage verreisen, aber er werde uns beim Generalgouverneur anmelden, so dass wir sofort ohne Schwierigkeiten vorgelassen würden. Seinen Wagen würde er uns zu dieser Fahrt zur Verfügung stellen.

Pünktlich um 11 Uhr am folgenden Tage hielt die Equipage des Fürsten vor dem Hotel »London«, um mich zum Gouvernementpalast von *Tiflis* zu bringen. Der Pförtner dortselbst wollte mir zuerst in meinem etwas abgetragenen Wanderanzug den Zutritt verweigern. Als ich aber meine Empfehlungskarte abgab, kam nach wenigen Minuten der Offizier vom Dienst und führte mich in den großen Empfangssaal, der rundherum mit roten Plüschbänken ausgestattet war und an dessen Wänden die Bilder der russischen Zaren prangten.

Im Raume selber befanden sich ca. 50 Personen, einzeln oder in Gruppen, die auf eine Audienz bei dem Generalgouverneur warteten. Ich wurde indessen sofort zum Privatkabinett des Generalgouverneurs geleitet. Durch 5-6 Räume, an dessen offenen Türen Doppelposten der Leibkosaken standen, ging es zum Zimmer des Generalgouverneurs des *Kaukasus*.

Seine Exzellenz erhob sich bei meinem Eintritt aus seinem Lehnsessel, reichte mir die Hand, und hieß mich in »gut Deutsch« in *Tiflis* willkommen. Sodann musste ich auch ihm von meiner bisherigen Wanderung und meinen ferneren Reiseplänen erzählen und wie es mir im *Kaukasus* gefallen habe. Dabei musterte er mich mit seinen scharfen Blicken vom Scheitel bis zum Fuße.

Als ich darauf hinwies, dass ich von *Tiflis* aus über *Baku* durch *Transkaspien* zum *Oxus* weiterwandern wolle und von dort über das *Hindukusch*-Gebirge nach *Afghanistan*, erklärte er mir, dass ich zur Durchwanderung von *Turkestan* eine besondere Erlaubnis von Petersburg haben müsse, da diese Gebiete Privatbesitz des Zaren seien, zu deren Bereisung meine Papiere nicht genügten. Diese Eröffnung jagte mir keinen geringen Schrecken ein, denn ich sah mich im Geiste hier schon auf Wochen festgelegt und was ich früher über den langwierigen und zeitraubenden Bürokratismus der russischen Behörden gelesen hatte, war nicht ermutigend.

Desto überraschter war ich, als mir der Generalgouverneur eröffnete, dass er sofort selbst nach *Petersburg* schreiben wolle. Ich erwiderte indessen, dass dies doch wohl 2 bis 3 Wochen dauern würde und ich müsse doch jeden Tag ausnutzen, um keine Zeit zu versäumen. Darauf erbot sich seine Exzellenz, die Sache telegraphisch mit *Petersburg* zu regeln, so dass in 4 Tagen die Antwort da sein könne. Hierüber sehr erfreut, bat ich sodann, mir die Genehmigung durch den Vizegouverneur des *Kaukasus* in *Baku* aushändigen zu lassen, damit ich unverzüglich die Weiterwanderung antreten könne. Auch hiermit erklärte sich seine Exzellenz einverstanden.

Mit herzlichsten Worten des Dankes für diese bereitwillige Unterstützung verabschiedete ich mich und der Generalgouverneur wünschte mir noch viel Glück zur Weiterwanderung, und trug alsdann noch seinen Namen nebst Siegel in mein Autogrammbuch ein. Der Wagen des »Fürsten Matschukoff« brachte mich alsdann zum deutschen Konsul Mühlig, um ihm meine Aufwartung zu machen. Dann folgte ich einer Einladung des kaiserlich russischen Geheimrates Dr. Gustav Radde, einem geborenen Danziger, Gründer und Schöpfer des berühmten kaukasischen Museums. Hier traf ich auch meinen amerikanischen Wanderkollegen »Koegel« und »Dr. Palm« aus Berlin, der von einer Studienreise aus *Buchara* zurückgekommen war. Ebenso den Spezialkorrespondenten der »Daily News«, der soeben von *Erserum* gekommen war.

Mit bewundernswertem Fleiß und echt deutscher Forschergründlichkeit waren hier die zoologischen und geologischen Schätze des *Kaukasus* gesammelt, erfasst und erforscht worden. Ein Sammler von großem Wissen hatte hier in jahrelanger Arbeit eine wertvolle Sammlung aufgebaut, die unser allergrößtes Interesse erregte.

Da wir noch am Nachmittage die Stadt verlassen wollten, eilten wir, nachdem wir uns von Herrn Geheimrat Radde verabschiedet hatten, zum Hotel zurück, wo uns unsere liebe Frau Richter eine große Freude und Überraschung bereitet hatte: Neue Unterwäsche, Juchtenlederschuhe,

Strümpfe und so allerlei nützliche Kleinigkeiten lagen hier auf unserem Zimmer als Liebesgaben und der Fürst hatte uns zum Abschied einen Briefumschlag mit einer größeren Geldsumme überreichen lassen. So konnten wir dann mit Zuversicht den kommenden Wochen entgegensehen.

Am Spätnachmittag verließen wir die gastliche Stadt Tiflis, überqueren den *Kura* und durch den nördlichen Stadtteil ging es hinaus – auf guter Landstrasse – dem Osten zu. Wir wollten einen Nachtmarsch einlegen, da wir uns in *Tiflis* einen Tag länger als programmäßig aufgehalten hatten. In der Nähe von Großstädten war dies leichter durchzuführen, da waren die Strassen meist besser und sicherer.

Der Weg führte über hügeliges Gelände, links zweigte die Strasse nach dem *Kafkaspass* ab. Das Land war hier nicht sehr fruchtbar und mit Präriegras bewachsen und die gesamte Landschaft meist ziemlich eintönig. In *Karajasy* machten wir eine kurze Rast, dann ging es in gutem Tempo weiter über die Orte *Poili* nach *Akstafa*, das wir nach einem 16stündigem Dauermarsch am Nachmittag des folgenden Tages erreichten. Der Abend brachte uns bis *Oseam*, wo wir übernachteten, denn die Gegend von hier bis *Elisabethpol* war sehr unsicher.

In den südlich gelegenen Gebirgen hauste der berüchtigte Räuberhauptmann »Nabi« mit seiner 40köpfigen Bande, die selbst durch häufige Verfolgungen seitens diverser Militärpatrouillen bisher nicht dingfest gemacht werden konnte. Seit 2 Jahren bemühte sich schon die Regierung, ihn zu stellen, da er alle Dörfer der Umgebung mit seiner Bande raubend durchstreifte.

Auf dieser Strecke hatten wir verschiedene kleine Niederlassungen zu passieren. In einer derselben wurden wir von einer großen Schar tatarischer Schäferhunde angefallen. Einer derselben verletzte meinen Freund an der Wade, drei andere hatten sich auf mich geschmissen und ich war fast wehrlos diesen wilden Bestien gegenüber. Es gelang mir, eine Hand soweit zu befreien, dass ich den Revolver ziehen konnte, um zwei derselben niederzuschießen, worauf sich die anderen Hunde heulend in angemessener Entfernung hielten.

Es war am 26. Oktober, als wir gegen 11 Uhr vormittags Elisabethpol erreichten. Der Himmel war bewölkt, die Temperatur 17 Grad Celsius. Der Weg führte durch ein breites Tal, in der Ferne links und rechts die Gebirgszüge des *Kaukasus*. Hier in der Nähe wurde Seidenzucht betrieben, auch hatte man durch sehr mühselige Bewässerungsanlagen die Reispflanzung versucht, doch war der Boden hier nicht besonders gut, denn so weit das Auge reichte, sah man nur dürres Gras.

Elisabethpol selbst überraschte mich indessen durch seine orientalische Bauart, seine Strassen, Lehmhütten und Bazare. Es war gerade Markt, als wir das Stadtinnere erreichten. Im »Hotel Europe« bezogen wir Quartier. Da die Verständigung mit den Leuten hier sehr schwer war, fand man einen deutschsprechenden Armenier, der sich uns als Dolmetscher und Wegführer gerne anbot. Es war der stellvertretende Leiter des deutsch-französischen Konsulats in *Alexandrapol*, der aber zurzeit auf einer Reise nach Deutschland hier weilte.

In seiner Gesellschaft besuchten wir dann einen, von einem Georgier bewohnten, alten, mächtigen Baumstamm, in dem dieser seine Werkstätte und Wohnung eingerichtet hatte. Es war in der Tat ein mächtiger Koloss, dessen Äste zum Teil aus Altersschwäche abgebrochen waren. Der alte Georgier konnte weder schreiben noch lesen. Aber er wollte sich auch in unseren Autogrammbüchern verewigen, und so machte er drei Kreuze zur Erinnerung an diesen, für ihn ereignisreichen Tag.

Auf dem Rückweg zum Hotel sah ich auf dem Markte einen Leiterwagen nach deutschem Muster. Auf demselben saß ein Mann, der mir den Eindruck eines schwäbischen Bauern machte, mit seiner kurzen, schwarzen Joppe und dem runden, flachrandigen Hut. Unser Begleiter erzählte, dass dies einer der deutschen Kolonisten sei, die unweit von hier ihre Niederlassung hätten. Sofort rief ich dem Manne zu: »Grüß Gott, Landsmann!«

Verwundert blickte dieser zu mir herüber und dann war er auch schon vom Wagen, und wir schüttelten uns die Hände als Landsleute aus ferner Heimat. Sodann lud er uns ein, doch mit ihm hinaus zu fahren nach Helenendorf, welches südlich von *Elisabethpol* liegt. Wir sollten die Kolonie besuchen, denn man würde sich dort ungemein freuen, uns zu sehen. Sofort machten wir uns marschbereit, nahmen Abschied von unserem liebenswürdigen Gesellschafter und fuhren hinaus in das reizende, württembergische Örtchen Helenendorf.

Ich war wirklich überrascht und begeistert, dort am Südabhange des *Kaukasus* ein so sauberes, in echt württembergischem Stil hergerichtetes Stück deutscher Erde zu finden. Die sauberen Strassen und schwäbischen Häuser, die Dorfkirche, alles machte einen gepflegten Eindruck – welcher Kontrast gegen das schmutzige Lehmhüttengewirre von *Elisabethpol*. Wie ein Zauber wirkte auf mich die Umgebung im Kreise dieser deutschen Siedler. Von überallher klangen die vertrauten schwäbischen Laute an mein Ohr.

Bei meinem Landsmann Vohrer bezogen wir Quartier. Er hatte drei Söhne, der jüngste war 25 Jahre alt. In seiner Gesellschaft besichtigten wir den ganzen Ort und mussten bei vielen Landsleuten eintreten und von der Heimat erzählen. Am folgenden Morgen machten wir einen Besuch bei dem Kommandanten des im Orte gelegenen Kosakenregiments, das zum Schutze der Siedler gegen den Einfall räuberischer Perser hier lag. Daran anschließend unternahmen wir einen Ritt in die Umgebung des Ortes, an dem 10 Landsleute teilnahmen.

Draußen zwischen den Weinbergen – die Kolonie betrieb hauptsächlich Weinbau – lagerten wir zu einem Picknick, wo am Rost gebratenes Fleisch sowie Wein gereicht wurde. In lebhafter Unterhaltung verliefen die Stunden des Tages recht schnell. Man erzählte mir, dass die Kolonie nun 76 Jahre bestehe und dass drei Frauen noch lebten, die als kleine Kinder mit ausgewandert seien. Anfangs hätten die Kolonisten unter den Überfällen der Perser viel zu leiden gehabt, jetzt aber stünde die Siedlung in voller Blüte und die Ernte wäre in den letzten Jahren ganz besonders gut ausgefallen.

Am Abend gab man uns ein Festessen im Hause des alten »Vohrer«. Außer den meisten Kolonisten war auch der Oberst des Kosakenregiments sowie die Gattin des Direktors der in der Nähe gelegenen Kupfermine von »Siemens & Halske« erschienen. Ich unterhielt die Gesellschaft durch einige neuere, deutsche Lieder und mehrere Militärmärsche auf dem Klavier und endete mit dem Deutschlandlied, das alle Siedler, soweit dies möglich, mitsangen.

Alsdann erhob sich der Kosakenoberst und hielt eine Ansprache auf unser mutiges Unternehmen und wünschte ein gutes Gelingen. Plötzlich drangen von draußen Trompetensignale zu uns herein. Die gesamte Militärkapelle, 32 Mann, war auf Befehl des Obersten vor dem Hause angetreten und brachte uns ein Ständchen, darunter eine Reihe deutscher Kompositionen. Nachdem ich dem Oberst für diese wirklich liebenswürdige Ovation gedankt hatte, klopfte er wieder an sein Glas und erhob sich zu einer politischen Rede, in der er ungefähr folgendes ausführte:

»Das Ziel, welches Sie sich gesteckt haben, ist in der Tat ein großes und es gehört Energie und Ausdauer dazu, es, unter solch schwierigen Bedingungen, durchzuführen. Aber bedenken Sie in dieser Stunde, dass der Kosakendienst auch nicht leicht ist. Die Kosaken haben einen sehr schweren Dienst, auch müssen sie ihre Pferde, Sättel, ihre Kleider und Säbel selbst stellen. Nur das Gewehr und die Munition werden vom Staat geliefert.

Russland ist eine Nation, deren Wehrmacht von Jahr zu Jahr weiter ausgebaut wird. In 10 Jahren kann Russland 6 Millionen Soldaten ins Feld stellen, was keine Nation Europas ihm gleichtun kann! Aber Russland will keinen Krieg! Es könnte viele Kriege haben, aber wir wollen Europa nicht in einen solchen verwickeln, denn Europa braucht den Frieden!

»Zar Alexander III.« hat den Frieden stets hochgehalten, unser Zar ist ein großer Kaiser und ist der Herr über unser Leben. Nur weil der Kaiser es will, darum leben wir. Es gibt nur ein Russland, einen Gott und einen Kaiser. Und Russland wird der größte und stärkste Staat der Welt werden.«

Dann tranken wir auf den Kaiser aller Russen. Ich reichte dem Oberst die Hand, mich hatte seine Ansprache begeistert und ich erwiderte ihm, dass der Wohlstand eines Volkes nur in Ruhe und Frieden gedeihen könne und ich hegte die Hoffnung, dass dieser Frieden – zum Wohle der beiden benachbarten Nationen – noch viele Jahre erhalten bleibe. Und so leerte auch ich mein Glas auf Deutschland und seine glückliche Zukunft.

Am folgenden Morgen um 9 Uhr nahmen wir Abschied von unseren liebenswürdigen Landsleuten und marschierten zunächst nach *Elisabethpol*. Einige der Siedler begleiteten uns, dann ein letzter Händedruck und frischen Mutes ging es neuen Zielen entgegen. Unser Weg führte von Elisabethpol in ostnordöstlicher

Richtung. Der Tag war heiß, der Weg schlecht. Langsam näherten wir uns den Ausläufern des südlichen *Kafkas*-Gebirges.

Es war ein hügeliges Steppengelände, welches wir durchwanderten. Der Fuß sank oft tief in den losen Sand ein und so weit das Auge blickte, nur kümmerlicher Grasboden. Nachts lagerten wir im Freien. Wir passierten einige kleine Tatarenniederlassungen. Immer wieder mussten wir uns der frechen Angriffe bissiger Wolfshunde erwehren, die uns auf unseren Märschen verfolgten. Sie waren in dieser Gegend eine ganz besonders gefährliche Plage.

Wir hielten nun ein strammes Tempo durch, marschierten auch nachts – nur wenige Ruhestunden einlegend – da wir diese Gegend, ihrer Unsicherheit halber, möglichst bald hinter uns bekommen wollten. Das Eindringen von feinem Sand in meine Schuhe und die anstrengenden Dauermärsche hatten mich stark ermüdet. Meine Füße schmerzten, da sie wund gelaufen waren.

Als wir die Stadt *Schemacha*, eine einst gut bevölkerte Industriestadt, die aber durch Erdbeben zugrundegerichtet worden war, passiert hatten, näherten wir uns immer schneller der großen Naphthastadt am *Kaspischen Meer*, *Baku*! Vorher mussten wir jedoch noch ein Berggelände überqueren. Auf der Strasse begegneten uns die ersten Kamelkarawanen. Das Land ringsum war öde und unfruchtbar. Soweit das Auge reichte schmutziger Sand.

Baku–Aschabad

Plötzlich tauchte vor unseren Augen die ersehnte Stadt auf, deren schöne, russische Kirche weithin sichtbar war. Gleich dahinter glitzerte im Scheine der Sonne das *Kaspische Meer*. Ganz rechts lag ein dichter, dunkler Dunst über der Landschaft. Ich vermutete dort die »Schwarze Stadt«, *Balachany*, mit ihren Naphthaquellen.

Wir atmeten erleichtert auf, als wir unser Ziel, das »Grand Hotel«, erreicht hatten. Von dessen Besitzer waren wir ja bereits eingeladen und in dessen Hause wohnte auch der armenische Großkaufmann Moutafian, an den wir einen Empfehlungsbrief hatten. Nun konnte ich wenigstens 2 Tage meine wunden Füße pflegen und ein erfrischendes Bad nehmen.

Aber vorab ging es uns darum, unsere Papiere zur Weiterreise sicherzustellen. Wir begaben uns daher noch am selben Morgen zum Gouvernementgebäude. Wie immer wurden wir auch hier zuerst nicht vorgelassen, auch da es bereits 11 Uhr war. Erst nach Vorzeigen unseres Empfehlungsbriefes wurden wir sogleich zum Polizeimeister geführt, welcher deutsch sprach.

Inzwischen hatte auch der Gouverneur bereits Kenntnis von unserer Ankunft erhalten. Er kam sofort persönlich, um uns zu begrüßen und teilte uns mit, dass ein Telegramm vom Generalgouverneur aus *Tiflis* eingetroffen sei, demzufolge unserer Weiterwanderung durch *Transkaspien* nichts im Wege stehe. Gleichzeitig sei aber auch der Generalgouverneur von *Askabad* verständigt worden. Wir seien auf jeden Fall avisiert, und auf der Strecke dorthin Gäste der russischen Militärstation von *Turkestan*.

Nachdem er sich noch eingehend über unsere Reiseziele informiert hatte, zeichneten er sich und der Polizeichef, nebst ihren Siegeln, in unsere Autogrammbücher ein. Wir verabschiedeten uns von ihnen mit Worten des Dankes für das wirklich zuvorkommende Verhalten der russischen Behörde und ihre liebenswürdige Unterstützung.

Im »Grand Hotel« wurden wir bereits von Herrn Moutafian erwartet, der uns zum Mittagsmahl ins »Hotel Metropol« einlud. Nach Tisch fuhren wir mit ihm hinaus nach dem eine halbe Stunde entfernt hinter einer Anhöhe am Meer liegenden *Bibelot*. Hier befanden sich ungefähr 200 Naphtha-Bohrtürme.

Derzeit sprang eine Fontäne, die aus einem Bohrloch von 45 Zentimetern Durchmesser das Naphtha mit unheimlicher Gewalt hinauswarf. Eine Gusseisenplatte von 13 Zentimeter Dicke war in 24 Stunden von der Stärke des Naphtha-Strahls, der dagegen schlug, durchschlagen worden, denn das Naphtha war mit Wasser, Sand und Steinen durchsetzt und die Gewalt, mit der es tief aus dem Erdinnern getrieben wurde, war unheimlich groß. Das Naphtha schlug gegen diese Gusseisenplatten, zerstäubte sich dort und floss in die großen Bassins, welche die Bohrtürme umgaben. 190 bis 200 Fuß tief wurden oft die Rohre in die Erde getrieben. Die Bohrungen verursachten, besonders wenn man auf Steinschichten stieß, größte Schwierigkeiten. Es gab Quellen, die anfangs 1 Million Put Naphtha auswarfen.

Der Dunst rechts von der Stadt, den ich beim Einmarsch gesehen, rührte noch von einem Brande her. Eine Quelle hatte Feuer gefangen und man musste sich 3 Wochen lang bemühen, das Feuer durch Eindämmen mit Beton und Sand zu löschen.

Manche Quellen waren periodisch, d. h., sie sprangen nur zeitweise, wie ich in *Senchinu* gesehen hatte. Zuerst kam weißer Dampf und es zischte beängstigend unter der Erde. Dann wurde der Dampf immer dunkler, das Brausen hörte auf und plötzlich stieß das Naphtha wie eine Fontäne mit 50 Zentimeter dickem Strahl aus dem Bohrloch heraus, der nach 5 Minuten mehr und mehr nachließ. Es entströmten dem Bohrloch dann nur noch weiße Gase. So ging es Tag für Tag.

Manche Glückspilze waren denn auch innerhalb von 5 Jahren zu Millionären geworden, andere aber gingen dabei bankrott, da eben statt Naphtha Wasser kam und ein einziges Bohrloch 75 000 bis 100 000 Rubel kostete.

Sprang nun aber nach beendeter Bohrung keine Fontäne und war doch Naphtha vorhanden, so blieb nichts anderes übrig, als mit zylinderförmigen Kesseln das Öl hinauf zu holen. Die Kessel hatten zu diesem Zwecke unten eine Klappe mit Stift. Sobald dieser Stift unten aufstieß, öffnete er die Verschlussklappe und das Naphtha strömte ein. Nachdem der Zylinder hochgezogen worden war, schob man eine Eisenplatte unter denselben, der Kessel wurde abgelassen, der Stift stieß dann auf diese Eisenplatte und das Naphtha floss aus.

Wenn ein Bohrloch von 50 Zentimetern Durchmesser kein Naphtha mehr bringen wollte, schob man engere Rohre hinein, trieb diese wieder tiefer und tiefer und begann von Neuem, so dass es vorkam, dass das Erdöl aus nur 25 Zentimeter weiten Rohren aufgepumpt wurde.

Am folgenden Tage besuchten wir auch die Ölquellen von *Balachany*. Hier am See lag die Besitzung des Herrn Richard Sorges, der uns eingeladen hatte, seine Quellen zu besichtigen. Da Herr Sorges verreisen musste, stellte er uns seinen Oberaufseher zur Verfügung, um mit ihm die zahllosen Bohrtürme zu besichtigen. Schon den ganzen Vormittag wehte ein heftiger Sandsturm über das Land, dabei dichte Wolken bildend. Dieser nahm oft eine solche Gewalt an, dass man den Kopf rückwärts drehen musste, um atmen zu können. Minutenlang wurde die Luft dunkel wie die Nacht. Das war der »Asiatische Schneesturm«.

Als ich mich erkundigte, ob es denn hier auch wirklichen Schnee im Winter gäbe, erwiderte mir der Oberaufseher, dass er in den 12 Jahren die er auf *Balachany* wohne, nur zweimal Schnee gesehen habe, der auch nur kurze Zeit liegengeblieben sei. Unter den Quellen des Herrn Sorges gab es nur eine »Fontäne«, die anderen warfen nur in Intervallen stoßweise die braune Masse hinaus. Hier lagen auch eine Reihe von Naphtha-Türmen der Gebrüder Nobel aus *Schweden* und des Herrn Rothschild.

Am Spätnachmittage weilten wir im »Deutschen Club« in Gesellschaft des

II. Asien

Bohrtürme in Baku

Die »Kegelgesellschaft Baku« vor den brennenden Naphtaquellen

Visitenkarte des Leutnant von Baumgarten, Dolmetscher in Aschabad

Stupps Zeichnung von der russisch-persischen Grenzbefestigung in Aschabad

Skizze einer Karawanserei in Persien

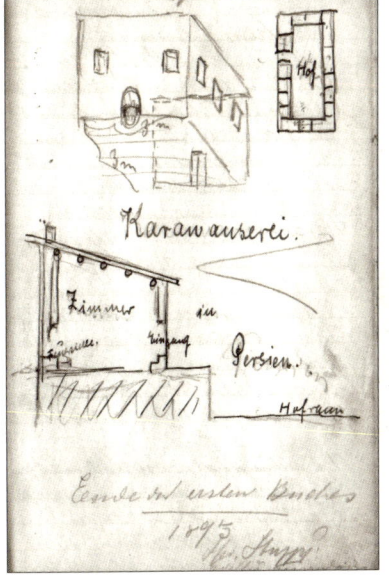

Unterschrift von W. v. Klemm, politischer Agent in Aschabad

Herrn Konsul Spennemann, der uns alsdann zu einem Kegelabend im »Hotel Europ« einlud, wo wir noch mehrere deutsche Landsleute begrüßen konnten. Munter krachten die Kugeln in die Kegel hinein und ich hatte das Glück eine »NEUN« zu schieben. Dieser Abend in fröhlichem Kreise war für viele Monate der letzte in Gesellschaft deutscher Landsleute, die sich zum Abschied mit ihren Autogrammen in unseren Büchern verewigten, nebst dem kleinen Sprüchlein:

»*Stupp und Koegel, Wandervögel*
Ziehet mutig weiter fort,
Begleite Euch wie heut beim Kegeln,
Glück und Freud von Ort zu Ort!«

Von dem Münchner Weltradler Hans Knoll aber hatten wir immer noch nichts gehört. Sowohl Konsul Mühlig in *Tiflis*, wie Herr Spennemann hierselbst, hatten überall Erkundigungen eingezogen – jedoch erfolglos. Entweder er war still und heimlich auf und davon, auf einer neuen Route – aber dazu war doch gar kein Grund vorhanden. Diese Absicht hätte er mir doch offen sagen können, denn er war ja nicht im Geringsten an uns gebunden. Oder aber es war ihm ein Unglück zugestoßen – aber dann hätten doch die russischen Behörden etwas über ihn erfahren. Auf alle Fälle blieb sein Verschwinden für uns ein Rätsel.

Am nächsten Tage verließen wir auf einem türkischen Öldampfer den Hafen von *Baku* zur Überfahrt nach *Transkaspien*. Es waren – außer uns Weltenbummlern – nur Türken an Bord. Die Fahrt verlief die ersten Stunden ruhig, da hier das Meer mit einer Ölschicht überzogen war und man bemerkte, dass es den Wellen nur mit Mühe möglich war, diese Schicht zu zerteilen.

Aber schon am Nachmittage schlug das Wetter um, das Barometer sank schnell, es wurde kühl und regnerisch und das Schiff begann zu rollen. Ein immer heftiger werdender Nordost zog herauf und warf den Dampfer von einer Seite zur andern. Die Wellen wurden tief aufgepeitscht und schlugen über das Deck. Die Türken hatten sich zusammengedrängt und verrichteten kniend ihre Gebete. Der Aufenthalt in den Kabinen war kaum möglich, denn wir wurden darin hin- und hergeschleudert.

Über Nacht war das Wetter noch stürmischer geworden, an Schlaf war nicht zu denken. Auch der Koch konnte in der Küche keinerlei Speisen zubereiten, es gab nur etwas Tee und Zwieback. Am Morgen gelang es mir mit Mühe zu dem türkischen Kapitän auf die Kommandobrücke zu klettern, mich mit einem Tau am Geländer festhaltend. Es war ein großartiges Schauspiel, dieser Kampf mit den seitwärts anrollenden, haushohen Wellen, die das Schiff einmal links, dann rechts fast auf das Wasser niederdrückten. Die Luft war kalt: Minus 9 Grad Celsius.

Erst am Nachmittag des 5. November ließ der Sturm nach und das Meer wurde ruhiger. Wir kamen in den Bereich der transkaspischen Küste, fuhren nördlich der Insel *Tschaleken* in eine weite, seichte Bucht hinein, wo wir ein Leuchtschiff passierten. Aber wir hatten das Unglück, hier auf eine Sandbank aufzulaufen, mussten Öl ausfließen lassen, um den Tiefgang zu verkleinern und erreichten dadurch erst 11 Uhr abends den Ort *Usun Ada*.

Auch hier, soweit das Auge reichte, Sand, nur Sand! Der Armenier Gukohoff, an den wir einen Empfehlungsbrief des Bakuer Armeniers Moutafian hatten, empfing uns aufs herzlichste. Er hatte gerade Besuch seines Schwagers aus *Aschabad* erhalten, der uns sofort einlud, dort seine Gäste zu sein. Wir mussten den Tag im Hause dieser Familie verbringen. Frau Walasia Gukohoff sprach sehr gut deutsch, und so war bald eine rege Unterhaltung im Fluss. Dann musste ich meine musikalischen Kenntnisse auf dem Piano produzieren, deutsche und englische Kompositionen zum Besten geben. Den Nachmittag verbrachten wir, mit den Damen der beiden Familien, mit Bootfahrten in der Bucht. Am Abend mussten wir die im *Kaukasus* gelernten, grusinischen Tanzkünste vorführen, die natürlich nicht wenig zur Belustigung der Gesellschaft beitrugen.

Als wir am folgenden Morgen starteten, um den weiten Marsch durch die turkmenische Sandsteppe anzutreten, überraschte uns Frau Gukohoff mit einem opulenten Reiseproviant, bestehend aus einem gebratenen Huhn, Sardellen, Käse, Wurst, Brot und zwei Flaschen gesüßtem Tee.

Das Land ringsum erstarrte in sterilen Sandmassen. Sandberge bis zu 40 Meter Höhe, so weit das Auge reichte. Noch vor 25 Jahren war es unmöglich, dieses Land als Europäer ohne Lebensgefahr zu durchwandern oder wenn, nur als Derwisch verkleidet. Bei jedem Schritt sanken wir in die feinen Sandmassen tief ein, so dass der Marsch äußerst beschwerlich war. Trinkwasser fand man hier nirgendwo. Selbst *Usun Ada* musste dasselbe 26 Werst weit herholen.

Erst nach einem Marsche von 45 Kilometern wurde der Boden besser, lehmiger. Hier war er mit einer Schicht Alkali oder Salz vermischt. Die Salzkrusten waren an einzelnen Stellen so dicht, dass die Erde, wie mit Reif bedeckt, weiß erschien und Milliarden kleiner und größerer Muscheln waren darüber gestreut; ein Zeichen, dass vor noch nicht so langen Zeiten die Fluten des *Kaspisees* dieses Land bedeckten.

Transkaspien ist ein Gebiet von etwa 230 000 Quadratkilometern. Wogende Sandsteppen wechseln dort mit festem Land, Lehmboden und spärlich bewachsenen Heidestrichen ab. Nach *Persien* hin bildet ein kahles Felsengebirge die Grenze. Das Land ist teilweise flach, teilweise hügelig, erhebt sich jedoch nicht über 600 Meter Höhe – nur der große *Lalachan*, östlich von *Krasnowodsk* reicht bis zu 1662 Meter empor.

Das Volk, welches diese weiten, öden Steppengebiete bewohnt, die Turkmenen, sind nicht eigene Herren des Landes. Seitdem es keine persisch-turkmenische, sondern eine russisch-persische Grenze gibt, haben sich die unbeugsamen, wilden Turkmenenhorden unter die »Knute« der Russen fügen müssen. Die Turkmenen waren die best berittensten, wildesten und unbändigsten Räuber der Welt. Ihr Land und ihr Volk bildeten kein einheitliches Ganzes, sondern waren in zahlreiche kleinere und größere Stämme, Yalks, Taife und Clans verteilt. Die Uneinigkeit zwischen den einzelnen Stämmen sowie der Umstand, dass sie alle gleiche Macht und gleiche Rechte hatten und sie niemanden duldeten, der sie regierte, brachte es mit sich, dass oft unter ihnen blutige Fehden ausbrachen. Der Wahlspruch des Turkmenen war: »Wir sind alle gleich! Niemand hat mehr Recht als der andere! Wir wollen keinen Herrscher, denn jeder ist sein eigener Herr!«

Persien war dasjenige Land, welches am meisten unter ihren Überfällen und Räubereien leiden musste. Auf diesen Raubzügen schonten sie weder Weiber noch Kinder – alles schleppte man mit sich fort. Die unglücklichen, geraubten Menschen wurden an die Sattelknöpfe der Lasttiere gebunden und mussten mit diesen Schritt halten. Zeigten diese armen Geschöpfe große Erschlaffung, so wurden sie durch die Lanzenstiche der Turkmenen wieder angetrieben. Wenn auch das nichts mehr nutzte, wurden sie ohne Erbarmen zu Tode gemartert.

Der Turkmene hat kein Gefühl – wild wie er geboren, stirbt er auch! Doch wird er in einem Überfalle zurückgeworfen, so flieht er in wilder Hast als einer der größten Feiglinge. Auch aus diesen Gründen ist er als Soldat schlecht zu verwenden. Die Frauen müssen alle Arbeiten verrichten und sind somit zum Arbeitstier herabgewürdigt.

War auch der Verkehr mit diesen Völkern für uns nicht so schwierig, so machten sich doch schon in den ersten Tagen die vielen Unannehmlichkeiten einer Wüstenwanderung bemerkbar. Die tagelangen, anstrengenden Märsche im weichen Sande, der Mangel an trinkbarem Wasser, die Sandwinde, welche oft mit vernichtender Stärke auftraten, erschwerten das Fortkommen. Über *Kisil Arwat* erreichten wir *Bami* und *Gok-Tepe* – letzteres früher eine turkmenische Festung, jetzt eine russische Militärstation.

Von hier aus machten wir einen Abstecher in das persisch-russische Grenzgebirge, welches sich in west-nordwestlicher Richtung vom Hindukusch aus zum Südufer des *Kaspischen Meeres* erstreckt. Es ist eine vollständig kahle Landschaft, nur hier und da ein kleines Sträuchlein oder Bäumchen, welches dem dürren Boden mühsam Nahrung zu entziehen sucht.

Am 11. November erreichten wir *Aschabad*. Endlich waren wir von den Strapazen einer mühsamen, eintönigen und geisttötenden Wanderung durch die gottverlassene turkmenische Sandsteppe erlöst! Hier in diesem Teile der Erde lernt man erst richtig den Wert des Wassers und seine Bedeutung für die Menschen, Tiere und Pflanzen kennen!

Aschabad–Meschhed

Aschabad liegt am Fuße des persisch-russischen Grenzgebirges und hat seine Existenz nur dem schmalen, klaren Bächlein zu verdanken, das von diesem Gebirge her die Stadt mit seinem Wasser versorgt. Gleich einer Oase liegt die Stadt mitten in einer großen, unabsehbaren Steppe und wohltuend wirkt der Anblick der grünen Anlagen auf das durch die Eintönigkeit der Wüste ermüdete Auge.

Seit 15–20 Jahren befindet sich diese Niederlassung in Händen der russischen Regierung und in dieser kurzen Zeit hat sich der Ort sehr emporgeschwungen. Auch hier in *Aschabad* war es ein Deutsch-Russe und Armenier, bei dem wir in gastfreundlicher Weise Aufnahme fanden. Und mögen auch die Armenier im allgemeinen nicht die besten Eigenschaften besitzen, denn sie sind ebenso wenig beliebt wie die Juden, so konnten wir doch den Armeniern, die wir auf unseren Wanderungen durch *Kaukasien*, *Transkaspien*, *Persien* und *Indien* angetroffen haben, nur alles Gute in bezug auf Gastfreundschaft und Liebenswürdigkeit nachsagen. Etwas, was ich noch erwähnen muss, ist die Schönheit der armenischen Frauen, welche in dieser Beziehung wohl mit den Georgierinnen konkurrieren können.

Am 30. Oktober waren wir zur Audienz beim General Sackelor befohlen, der während der Abwesenheit des Generalgouverneurs die Geschäfte leitete. Sekretär Cramer, ein geborener Deutsch-Russe, stellte uns dem General vor. Dieser begrüßte uns freundlich und teilte uns mit, dass unser Kommen bereits avisiert sei und dass er schon die Order erteilt habe, die Grenzposten zu benachrichtigen. Wir möchten uns jedoch bis zur Ankunft des Generalgouverneurs gedulden, dieser würde die Sache in kurzer Zeit geregelt haben. Wir bedankten uns und gingen in Gesellschaft eines Leutnants »von Baumgarten«, welcher uns vom General für die Dauer unseres Aufenthalts zukommandiert war, und der, außer der russischen, auch der deutschen, französischen und persischen Sprache mächtig war, zum Generalstabsgebäude, wo wir die Bekanntschaft des General Gruber machten.

Am Nachmittage gegen 5 Uhr waren wir zum Advokaten der Bahn geladen. Als wir eintraten, fanden wir hierselbst den politischen Agenten »Wilhelm von Klemm« vor – einen Deutschen in russischen Diensten, dessen Hauptinteressen an den russisch-afghanischen Grenzen lagen. Das Gespräch drehte sich selbstverständlich um unsere Reise und die zunächst einzuschlagende Route. Mein Plan war, die Wanderung von hier nach *Tschardschui* am *Oxus* oder *Amu-Darja* fortzusetzen, sodann diesen aufwärts zu marschieren und über *Kelif* und dann über den *Hindukusch* nach *Kabul* und *Indien* zu gelangen.

Herr von Klemm sprach sich mit ganzer ihm zur Verfügung stehender Redeweisheit gegen diesen Plan aus. Er nannte die Route ganz unpassierbar und schilderte dieselbe als einen Weg, der ins Verderben führe und unser Unternehmen zugrunderichte, denn es sei unmöglich *Afghanistan* zu durchqueren. In den letzten Jahren habe kein Europäer das Land durchzogen, nur dann und wann würde ein englischer Offizier – auf speziellen Befehl der Kaiserin von *Britannien* und auf Wunsch des Emir von *Afghanistan* – unter starker Militärbedeckung ins Innere dieses Landes gesandt, um kartographische Aufnahmen zu machen. Vorher würde das Volk in den von den Reisenden zu betretenden Gegenden hiervon in Kenntnis gesetzt.

Wir wollten uns indessen von dem einmal gefassten Plane nicht so schnell losreißen. Gerade weil es gefährlich war und weil dieses Land nur selten von Europäern besucht wurde, gerade darum wollten wir in dasselbe hineinmarschieren. Der politische Agent lächelte und behauptete, unserer Jugend sei es zuzuschreiben, dass wir die Gefahren zu sehr unterschätzten. Wenn es uns wirklich glücken würde, das Grenzgebiet zu passieren, im nächsten Orte würde man uns festhalten und entweder töten oder nach *Kabul* ins Gefängnis schmeißen!!!

Während der ganzen Verhandlung war der politische Agent aufgeregt im Zimmer auf und ab gegangen, so dass am Abend auf dem Heimwege mein Freund zu mir sagte, es müsse etwas ganz Besonderes dahinterstecken, dass unser Landsmann, welcher – nebenbei gesagt – ein »Deutschhasser« war, gegen unseren Einmarsch in *Afghanistan* so stark protestierte.

Am anderen Morgen war der Generalgouverneur eingetroffen. Wir begaben uns indessen zuerst zum Generalstabsgebäude, woselbst uns von General Fedorow und Leutnant Marcus verschiedene russische Generalstabskarten von *Afghanistan* und dem Flussgebiete des *Oxus* bereitwilligst zur Verfügung gestellt wurden, auf denen wir die Routen und Passübergänge genau studieren konnten. Sodann begaben wir uns zum Generalgouvernement, wo wir Leutnant »von Baumgarten« bereits antrafen. Er meldete uns bei Seiner Exzellenz und hieß uns eintreten, worauf wir sogleich vorgelassen wurden.

General »Kuropatkin«, Generalgouverneur von *Transkaspien* und späterer Kriegsminister von *Russland*, richtete sich bei unserem Eintritte auf. Er war ein in den besten Jahren stehender Herr, von stolzer, fester Gestalt, mit energischen Gesichtszügen, welche von einem schönen, schwarzen Vollbarte umrahmt wurden. Sein feuriges Auge ließ mich in ihm gleich den berühmten, russischen Strategen erkennen, welcher es versteht, da, wo es Not tut, mit aller Strenge und Schärfe vorzugehen, der aber auch durch seine Milde und Güte der Liebling seines Volkes ist. Er wird nicht ohne Grund als der »König von Transkaspien« bezeichnet.

Zur Rechten des Generalgouverneurs saß ein älterer Offizier, dessen Brust viele Orden und Ehrenzeichen schmückten, zur Linken saß sein Adjutant und um ihn herum stand eine große Anzahl anderer Offiziere. Seine Exzellenz redete uns in französischer Sprache an – wir bedauerten indessen, dieser Sprache nicht mächtig zu sein, und so fungierte Leutnant »von Baumgarten« als Dolmetscher. Der General sprach sich sehr wohlwollend über unsere Reise aus und fragte sodann, welche Route wir nun einzuschlagen gedächten. Als wir antworteten: »Durch *Afghanistan*!«, teilte auch er uns mit, dass dies ohne spezielle Erlaubnis des Emirs unmöglich sei. Er schlug uns den Weg durch *Persien* vor. Wir sahen nun ein, dass uns nichts anderes übrig blieb, als darauf einzugehen und baten ihn, unsere Papiere für dieses Land zu visieren. Danach erteilte der Generalgouverneur dem Leutnant »von Baumgarten« den Befehl, ein Empfehlungsschreiben an den russischen Konsul in *Meschhed* zu verfassen.

In der Zwischenzeit begaben wir uns mit einem Offizier in eine Büroabteilung, wo uns Militärkarten von *Persien* vorgelegt wurden, aus denen wir die hauptsächlichsten Routen kopierten. Nach einer halben Stunde ließ man uns rufen. Als wir in Gesellschaft des Dolmetschers zur Türe des Privatkabinetts des Gouverneurs kamen, trat dieser mit seinem Gefolge heraus. Unser Offizier überreichte Seiner Exzellenz den Brief, unter den dieser eigenhändig den Namen setzte: General Kuropatkin! Er übergab uns dann persönlich das Schreiben mit folgenden Worten: »Meine Herren! Sie haben ein bedeutendes und großes Unternehmen angetreten. Es gehört viel Energie dazu, und ich sehe, Sie haben Energie! Ich wünschte, Sie unter meinen Reihen zu haben. Ich wüsste bestimmt, dass sie in einer Kompanie sich nicht unter den Letzten befinden würden. Vollenden Sie Ihr Werk, so wie Sie es begonnen. Ich habe alles für Sie getan, was in meinen Kräften stand. Ihre Pässe sind visiert und hier ist ein Empfehlungsschreiben an den russischen Agenten in *Meschhed*!!! Leutnant von Baumgarten habe ich befohlen, mit Ihnen zum persischen Konsul zu gehen, damit derselbe Ihnen in persischer Sprache ein Geleitschreiben aushändigen soll.«

Hierauf dankte ich dem Generalgouverneur für seine huldvollen Worte, für seine gütige Unterstützung und betonte, dass die russische Regierung uns in so zuvorkommendster Weise behandelt habe, dass Russland dasjenige Reich gewesen sei, welches uns die Pforte nach Asien geöffnet und uns den Weg geglättet hätte. Ich dankte der russischen Botschaft in *Wien*, dem russischen Generalgouverneur vom *Kaukasus* und besonders Seiner Exzellenz, dem Generalgouverneur von *Transkaspien*. »Sind Sie der persischen Sprache mächtig?« fragte hierauf Seine Exzellenz. »Nein,« antwortete ich, »Leutnant von Baumgarten hat uns etwa 30 Worte gelehrt!« Da konnten er und alle anderen Offiziere sich eines Lächelns nicht enthalten, und auch uns selbst wurde es lächerlich zumute, mit diesen paar Brocken einer fremden Sprache in die fast unbekannten Regionen des südwestlichen Teiles *Asiens* hineinzudringen, um dieselben zu Fuß zu durchqueren. Die Gefahren dieser fremden Länder sowie die großen Schwierigkeiten und Entbehrungen, die uns dortselbst bevorstanden, entmutigten uns nicht, sondern schürten in uns das Feuer der Begeisterung.

Wir hatten uns von General Kuropatkin verabschiedet und begaben uns zum persischen Agenten Mirza Ali Hussein Khan,

Mesched, die Stadt der Minarette und Kuppeln

Der persische Kronprinz »Mussafer ed Din«

Junge Perserinnen beäugen die Fußtouristen neugierig.

Das britische Generalkonsulat in Mesched

»Hadji Schaad El Molk, der Meteor des Königreiches« schreibt in Stupps Tagebuch

Der Generalgouverneur von Indien in Meschhed

Auf dem »Heiligen Friedhof« von Meschhed

welcher sich bereit erklärte, die gewünschten Begleitschreiben auszustellen. Die übrige Zeit des Nachmittags verbrachten wir mit Erledigung verschiedener Angelegenheiten, betreffend der Reise durch *Persien*. Wir verfertigten Pelzhandschuhe und turkmenische Pelzjacken, denn das Barometer war erheblich gesunken und eine unangenehme Kälte machte sich bemerkbar.

Nach allem, was ich damals in *Aschabad* gesehen und gehört hatte, hatte ich die Überzeugung gewonnen, dass hier in der Hauptstadt von *Transkaspien* im Stillen eine Politik vorbereitet wurde, welche unaufhaltsam ihrem Ziele entgegenrollte und welche die Vernichtung *Persiens* und dessen Einverleibung ins Russische Reich bedeutete. *Deutschland*, welches in *Südpersien* große Handelsinteressen hatte, musste bisher immer zurückstehen. Nur der politische Kampf zwischen *Russland* und *England* in diesen Gebieten, welche die orientalische Frage umschließen, ließ es ermöglichen, dass bisher hier noch keine Entscheidung gefallen war – zum Nachteile der *Türkei* und unseres Vaterlandes.

Der Weg stieg steil zu einem Pass empor, links oben die russische Grenzstation, ein im Festungsstil gebautes Sandsteinhaus. Fünf Kosaken bildeten die Wache. Von diesen wurden wir angehalten und zum wachhabenden Offizier geführt. Nachdem derselbe unsere Empfehlungsbriefe kontrolliert hatte, marschierten wir in das »Reich des Königs der Könige«. In festem Schritt ging es bergab, wir drehten unseren Wanderstab im Kreise und trillerten das Liedchen: »Wem Gott will rechte Gunst erweisen, den schickt er in die weite Welt!«

Als wir die Häuser des ersten persischen Dorfes erreicht hatten, begegnete uns ein alter Mann, welcher staunend stehenblieb und ehrfurchtsvoll sein Haupt verneigte. Mitten im Dorfe hemmte ein Perser unsere Schritte. In der Hand hielt er den Stab des Gesetzes, mit dem Zeichen des Löwen, dem Schwerte und der aufgehenden Sonne. Derselbe forderte uns auf, die persischen Papiere vorzuzeigen. Erstaunt blieben wir stehen: Also auch hier, in den entferntesten Gegenden, eine strenge Kontrolle. Sofort legte ich dem Vorsteher des Dorfes unsere Papiere vor, welche für uns zwar unleserlich waren, aber doch gut verfasst sein mussten, denn unter großen Freundschaftsbezeugungen lud man uns zum Tee ein.

Nun waren wir in *Persien*, und hier musste man sich den Sitten des Landes fügen: Wir legten das Gepäck ab und zogen unsere Schuhe aus. Erst dann konnten wir in ein längliches, kahles Zimmer eintreten, dessen Boden mit kostbaren Teppichen und einigen seidenen Kissen belegt war. Ein kleines, eisernes Gestell mit Holzkohlenfeuer sowie eine russische Teemaschine – der Samowar – vervollständigten die Gerätschaften. Mit untergeschlagenen Beinen nahmen wir Platz, mussten aber bald unsere Stellung ändern, da uns diese ungewohnte Haltung Rückenschmerzen verursachte. Nach einer halben Stunde ließen wir uns ein Zimmer anweisen, Holz bringen und Feuer machen.

Die Karawansereien – oder persischen Gasthäuser – sind meist im Quadrat erbaut, in der Mitte liegt der Hof. Rund herum befinden sich eine Reihe von Zimmern, welche ihren Eingang vom Hofe aus haben und nach außen hin nicht einmal ein Fenster besitzen. Die meisten derselben sind halb zerfallen und in sehr verwahrlostem Zustande, doch sind in letzter Zeit manche neue, bequeme Karawansereien erbaut worden. Die verschiedenen – für sich abgeschlossenen – Zimmer sind kahl und ohne jede Einrichtung. Boden, Decken und Wände sind aus Lehm; in der Hinterwand des Zimmers ist der Kamin, und eine halbkreisförmige Öffnung unten an dieser Wand dient zur Feuerung. An den Seitenwänden sind einige Nischen angebracht, die Türen aus Holz gezimmert.

Lampen und Petroleum sind noch Luxusartikel, welche nur der vornehme Perser und höhere Beamte besitzt. Das Petroleum wird durch Karawanen in Blechkasten von Russland aus importiert. Wir mussten mit einem alten Tranlicht fürliebnehmen, bestehend aus einem kleinen Lehmnäpfchen, in dem in ausgelassenem Fett einige Wollfäden brennend nur spärlich Licht verbreiteten.

Nachdem man uns einige dicke Filzdecken gebracht hatte, legten wir uns auf denselben zur Ruhe nieder. Bald aber wachten wir auf, denn es juckte und brannte uns plötzlich kolossal und es war, als ob uns Hunderte von Ameisen über Gesicht und Hände liefen. Schnell zündete ich Licht an und siehe da: Nicht Ameisen, sondern ein anderes bekanntes Tierchen, welches in Persien allgemein in der höchsten wie in der niedrigsten Volksklasse zu finden ist, wovon alle Möbel, Decken und Zimmer besät sind, hatte auch uns schon in der ersten Nacht unserer Anwesenheit auf persischem Boden im Sturm erobert.

Die Laus ist der Schrecken Ostpersiens und das ganze Land ist von diesem Ungeziefer verseucht. Eine Ursache ist die, dass der Perser diese Tiere – nach den Vorschriften des Korans – nicht tötet, sondern mit den Fingern ergreift, und wieder in Freiheit setzt. Anfangs war ich außer mir vor Wut, dass man uns solche Decken zu liefern wagte, aber späterhin wurde mir klar, dass man sich trotz aller Vorsichtsmaßregeln nicht vor diesen Tierchen schützen kann.

Am anderen Morgen gegen 7 Uhr wanderten wir weiter. Die Gegend war schön und die Bergszenerien großartig. Bei fortwährendem Wechsel der Landschaftsbilder, zwischen gewaltigen Bergen und durch romantische Täler führte unser Weg. Dabei mussten wir auch eine schmale Felsschlucht von etwa 500 Meter Länge und 1 Meter Breite passieren. Steil ragten die kahlen Felsmassen zum Himmel empor!

In einem Dorfe sahen wir die interessante Szene einer Mädchenentführung, d. h. einer persischen Hochzeit: Voran ritt auf schnaubendem Rosse in wilder Hast ein junger Mann, der Bräutigam. Vor sich auf dem Pferde lag seine Braut, die ihn fest umschlungen hielt, dahinter eine große Schar junger Leute – zu Pferd und zu Fuß. Schreiend und lärmend ging es über die Ebene dahin. Die Mädchen in *Persien* werden schon sehr jung, mit

13–14 Jahren verheiratet, oft noch früher. Der Bräutigam erscheint an dem dazu angesetzten Tage in der Wohnung der Braut. Hier gibt es dann viel Hin- und Herreden, die Angehörigen der Braut stellen sich, als wollten sie dieselbe nicht hergeben – und auch sie sträubt sich scheinbar, doch lässt sie sich gerne rauben.

Imamkuh und *Durbadan*, zwei kleine Dörfer, passierten wir nacheinander und am Abend des 18. November erreichten wir *Kutschan*, eine Stadt mit 12 000 Einwohnern. Es war bereits 10 Uhr abends, als wir noch immer keine Zeichen menschlicher Behausungen erspähen konnten, erst gegen 12 Uhr nachts kamen wir an einige kleine Zelte. Hier kehrten wir ein und sahen mehrere schlafende Perser. Nachdem ich einen derselben geweckt hatte, teilte ich demselben in gebrochenen Worten mit, was wir wollten. Ich drückte ihm 1 Kran (30 Pfennig) in die Hand, worauf er murrend etwas zur Seite rückte, das Feuer anschürte, noch einige Stücke Holz hinzulegte und weiter schlief.

Auch wir kauerten uns nieder und mit knurrendem Magen und schmerzenden Gliedern verbrachten wir die zweite Nacht auf persischem Boden. Wie erstaunt waren wir, als wir am anderen Morgen ins Freie traten und in dem frohen Gedanken, eine große und schöne Stadt vor uns zu sehen, nur eine große Fläche, ein Gewirr von Lehmhügeln, Zelten, Überresten alter Wohnungen und ausgerissenen Bäumen erblickten. Totenstille herrschte ringsum. Wo lag die Stadt mit ihren 12 000 Einwohnern?

Ich zog Erkundigungen ein, und es gelang mir endlich in Erfahrung zu bringen, dass *Kutschan* überhaupt nicht mehr existiere, dass diese große Stadt mit ihrem bedeutenden Handel einem schweren Schicksal anheimgefallen sei. Ein Erdbeben hatte ihrem Dasein ein Ende bereitet.

Der Gouverneur von *Kutschan*, sein Harem und sein Gefolge hatten ihr Lager 14 Kilometer weiter östlich – am Fuße eines Bergkegels – aufgeschlagen. Dorthin lenkten wir vorab unsere Schritte. Der Weg führte durch eine große Ebene im Tale des *Terdschend* entlang, dessen Ufer mit Reis bepflanzt waren.

Nach zweistündigem Marsch erreichten wir das Lager. Kurz darauf sahen wir uns von einer großen Anzahl von Leuten umzingelt, welche uns neugierig betrachteten und an uns die verschiedensten Fragen richteten, in Betreff unseres Hierseins. Erst als ein junger Offizier an uns herantrat und uns freundlich anredete, überreichten wir demselben unsere Empfehlungsschreiben. Nachdem er selbige genau geprüft hatte, bat er uns, ihm zu folgen. Er führte uns in eines der halbkreisförmigen Turkmenen-Zelte.

Das Zelt, in das wir eintraten und in dem sich noch drei andere Offiziere befanden, mag etwa 4 Meter im Durchmesser gehabt haben. Der Boden war mit Teppichen belegt und rund herum standen eine Reihe Holzkästen. Der junge, freundliche Offizier rückte zwei derselben als Schemel heran und bat uns, Platz zu nehmen. Sodann versuchte er uns verständlich zu machen, dass der Gouverneur augenblicklich nicht anwesend sei und erst am Nachmittag retour komme.

Nachdem wir eine Zeitlang so zusammen unter erschwerten Umständen konversiert hatten, brachte man das Mittagsmahl. Auf dem Boden breitete man eine bunte, leinene Decke aus, worauf man ein großes zinnernes Tablett stellte, auf dem sich in sieben weißen Porzellanschalen die Speisen befanden. Dieselben bestanden aus Hammelfleisch, Hühnerfleisch, Reis, Käsebrei, Zwiebeln und Scherbet.

Man lud uns ein, an dem Mittagsmahl teilzunehmen und wir ließen uns gleich den Übrigen mit untergeschlagenen Beinen auf dem Boden nieder. Jeder einzelne hatte ein flaches, rundes Brot als Teller vor sich liegen und man griff mit den Fingern der rechten Hand nach den Speisen und führte selbige so zum Munde, was für uns nichts Leichtes war. Unsere Ungeschicklichkeit in dieser Beziehung gab oft Anlass zu großer Heiterkeit.

Als wir fertig waren, und man die Geschirre entfernt hatte, brachte ein Diener eine tiefe Zinnschüssel, auf der sich ein dichtes Sieb befand, sowie eine Kanne warmes Wasser. So ging er von einem Gast zum andern und schüttete von dem Inhalte der Kanne über die rechte Hand des Betreffenden, die nach dem Waschen sodann – ohne mit der linken Hand in Berührung zu kommen – abgetrocknet wurde. Die linke Hand wird beim Speisen nicht gebraucht, aus einem Grunde, den ich hier nicht erwähnen kann.

Wir wollten uns eben zum Mittagsschläfchen niederlegen, als von draußen laute Stimmen an unser Ohr drangen. Einer der Offiziere nahm die Zeltdecke zurück und teilte uns mit, dass der Gouverneur eingetroffen sei. Schnell sprangen wir auf, griffen zum Hut und den Papieren und traten ins Freie.

Wir sahen eine große Schar Leute. Voran schritten Seine Exzellenz, dahinter zwei ältere Priester mit grauem Haar und langen grauen Talaren, danach mehrere Offiziere und Diener. Das Volk zu beiden Seiten verbeugte sich ehrfurchtsvoll und wir gingen dem Gouverneur entgegen. Einer der jungen Offiziere überreichte unsere Briefe und wir begrüßten Seine Exzellenz Sont Jai Dorla.

Der Zug bewegte sich nach einem großen viereckigen Zelte. Dasselbe war in zwei Teile geteilt. Im äußeren Raume befand sich so eine Art Feldküche sowie die Dienerschaft. Das Innere der zweiten Abteilung war mit scharlachroten Stoffen ausgespannt und den Boden bedeckten kostbare Teppiche. Seine Exzellenz sowie alle anderen – auch wir – legten die Fußbekleidung ab, bevor wir das Innere des Sitzungssaales betreten durften.

Dem Eingang gegenüber, auf einem großen, viereckigen, seidenen Kissen ließ sich der Gouverneur mit untergeschlagenen Beinen nieder. Links und rechts von ihm gruppierten sich dann die übrigen, je nach Rang – wir selbst saßen zur Linken des Gouverneurs.

Sont Jai Dorla war ein mürrisch dreinsehender Mann mit verbissenen Gesichtszügen, die ihm ein wildes Aussehen gaben. Bald darauf verlas einer der Räte den von uns überbrachten Empfehlungsbrief, worauf der Gouverneur an uns die Bitte richtete, für heute Abend seine Gäste zu sein – was wir dankend annahmen. Währenddessen hatte man Tee und Orangen rundgereicht und die persische Wasserpfeife wanderte nach ländlicher Sitte – vom Oberhaupt der Versammlung aus – von einer Hand zur nächsten. Dabei machten die verschiedenen Personen eine Unmenge von Verbeugungen und Höflichkeitsformeln. Jeder machte nur zwei oder drei Züge aus diesem »Kalian«, der sich von der türkischen Wasserpfeife darin unterscheidet, dass man, anstatt aus einem Schlauche, aus einer Holzröhre raucht.

Während wir die verschiedenen Mienen der Anwesenden mit großem Interesse beobachteten, entspann sich zwischen einzelnen von ihnen ein größerer Wortwechsel. Plötzlich drang ein markerschütterndes Geschrei an unser Ohr! Erstaunt blickten wir auf: Da hatte man einen Menschen an einen Balken gebunden und teilte demselben 25 Stockhiebe aus. Es war dies ein Dieb, der seinem Nachbarn ein Huhn entwendet hatte und hierfür seinen gerechten Lohn – in nicht beneidenswerter Weise – ausbezahlt bekam.

Am Abend sandte uns der Gouverneur ein feines Souper, bestehend aus gekochtem und gebratenem Fleisch, ein süßes Huhn, Reis, Käsebrei, Rosinen, Mandeln, Zuckerwaren und eine Flasche Cognac. Nach beendigter Mahlzeit legten wir uns zur Ruhe.

Gegen 11 Uhr am folgenden Morgen schnallten wir unsere Taschen um und nahmen Abschied vom Gouverneur und den Offizieren – und marschierten in südöstlicher Richtung gegen *Meschhed*. Die Gegend bietet nichts – eintönig erstrecken sich zu beiden Seiten des *Terdschend*-Tales dunkle Kammgebirge. Überall herrschte lautlose Stille. Es war bereits dunkel, als wir den nächsten Ort *Gafarabad* erreichten.

Vor einer kleinen Lehmhütte, aus der ein spärlicher Lichtschein in die Dunkelheit drang, blieben wir stehen. Ich trat ein, begrüßte die Anwesenden mit dem üblichen »Salam« und erklärte, was mein Wunsch sei. Anfangs war man etwas misstrauisch, doch als ich unsere Empfehlungspapiere vorgelegt hatte, führte man uns zu der Wohnung des Bürgermeisters. Dieser empfing uns freundlich und nannte uns seine Gäste. In seinem Hause machten wir es uns gemütlich. Sofort brachte man uns Tee und wir bestellten zum Abendessen ein Dutzend Eier, doch es dauerte zwei Stunden, bis man endlich fünf Stück herbeigeschafft hatte.

Mittlerweile waren wir der Zentralpunkt einer Schar feuriger schwarzer Augen geworden, denn auch hier in Persien ist die Neugierde eine Haupttugend des Weibes. Mit Bewunderung betrachtete man die beiden Sportrepräsentanten der alten und neuen Welt.

Bekanntlich tragen die Mädchen und Frauen im Orient einen langen Schleier vor dem Gesicht. An den Stellen, wo sich die Augen befinden, sind aus weitmaschigem Stramin viereckige Fensterchen eingesetzt, da das übrige Gewebe sehr dicht ist. Es war daher für uns sehr amüsant zu beobachten, wie die persischen Schönen, wenn sie sich von uns unbeobachtet glaubten, behutsam den Schleier zur Seite lüfteten, um besser sehen zu können.

Wenn wir dann unvermutet aufblickten, ließen sie fix den Vorhang wieder fallen, damit wir nicht Gelegenheit haben sollten, ihre hübschen Mündchen zu betrachten.

Es war ihnen interessant zu sehen, dass einer von uns hellblondes Haar und hellblaue Augen hatte. So ein Mensch war ihnen noch nicht begegnet. Die unbekannte Kleidung und Sprache sowie die ihnen nicht bekannten Gebräuche beim Essen – dies alles trug mit dazu bei, dass die ganze Gesellschaft öfters in gellendes Gelächter ausbrach.

Noch etwas, was ich hier erwähnen muss: Bei diesen strenggläubigen Schiiten fiel es mir auf, wie dieselben nur mit größter Vorsicht uns Gegenstände oder Nahrung reichten; wie sie es vermieden, uns zu berühren. Wie sie die Gläser, aus denen wir getrunken hatten, mit den größten Vorsichtsmaßregeln reinigten und wie sie sich sogar die Finger an ihren Kleidern abputzten, wenn sie unglücklicherweise unsere Hand berührt hatten. Denn dieser fanatischen Sekte der Mohammedaner ist es furchtbar, einen ungläubigen »Christenhund« anzurühren.

Geld indessen nahmen sie mit der größten Vorliebe entgegen. Dasselbe spielt in *Persien* keine geringe Rolle. Oft, wenn wir in einem Hause Unterkunft suchten, mussten sogar Frauen und Kinder ihr einziges Zimmer verlassen, denn wir besaßen ja »Pul« (Geld) – also auch den Vorzug. Überhaupt nimmt die Frau, wie bekanntlich in allen mohammedanischen Ländern, keine bedeutende Stelle ein.

Schon am frühen Morgen des folgenden Tages, gegen 3 Uhr, setzten wir den Marsch fort, denn gegen 12 Uhr mittags gedachten wir in *Meschhed* einzutreffen. Doch hierin hatten wir uns sehr getäuscht. Im Eilmarschtempo waren wir schon den ganzen Vormittag – bei den glühendsten Sonnenstrahlen – ohne Rast voranmarschiert und hatten verschiedene Niederlassungen passiert, doch von *Meschhed* war keine Spur zu sehen. Wohl hatte sich die Straße schon verbessert und die Gegend wurde bevölkerter. Es war bereits 5 Uhr 30 nachmittags und das Tal öffnete sich immer mehr. Da! Plötzlich eine Wendung des Weges und vor uns lag der ersehnte Ort.

Meschhed–Gunabad

Hunderte von Minaretts und Kuppeln funkelten im Schein der herrlichen Abendsonne, besonders die goldenen Zinnen der großartigen Moschee, welche im »Heiligen Schrein« das Grab des berühmten »Jüngers Ali« birgt. Unsere Herzen schlugen lauter beim Anblick der Stadt, denn wir wussten genau, dass die Tore derselben bei Sonnenuntergang geschlossen wurden und niemand mehr hinein oder heraus kann. Aber auch diesmal hatten wir uns in unserer Berechnung getäuscht. Immer endloser zog sich der Weg dahin. Vor uns lag die Stadt und es war uns, als wenn dieselbe sich mit uns fortbewegte.

Diese merkwürdige Erscheinung ist eine Sinnestäuschung, wie sie oft in *Persien* vorkommt, die aber nicht auf eine »Fata Morgana«, sondern auf die Trockenheit und Durchsichtigkeit der Luft zurückzuführen ist. Plötzlich hörten wir hinter uns Hufschläge und im selben Moment kam ein Zweispänner aus einem rechts am Wege liegenden Garten. Erstaunt schauten wir auf, als wir in der Kutsche zwei Europäer erblickten. Einer derselben redete uns auf französisch an. Wir antworteten indessen auf englisch, dass wir uns auf einer Reise zu Fuß um die Erde befänden und auf dem Wege nach *Meschhed* seien. Man teilte uns darauf mit, dass die Tore der Stadt schon in 15 Minuten geschlossen würden. Wir sollten mit ihnen zur Stadt fahren, andernfalls müssten wir vor den Toren der Stadt kampieren.

Nur aus diesem Grunde nahmen wir die Einladung an, stiegen ein, der Kutscher spornte die Pferde an, diese griffen voll aus und in kurzer Zeit war das Tor passiert. Wir atmeten erleichtert auf, als der Wagen langsamen Schrittes durch die teilweise breiten Straßen der Hauptstadt der Provinz Choressan fuhr. Es herrschte an diesem Tage ein besonders reges Leben und Treiben in der Stadt, denn es war Freitag, der Sonntag der Perser.

Der Gouverneur sperrte Augen und Mund weit auf und verwunderte sich nicht wenig, dass junge Leute eine so große Fußreise unternehmen könnten – und dazu noch ohne Führer und Lasttiere. Er erkundigte sich genau nach dem Zweck der Reise und nach unseren Plänen. Er zeigte sich bereit, uns ein größeres Empfehlungsschreiben an seine Untertanen mit auf den Weg zu geben. Sodann trug Seine Exzellenz einige Glückwünsche in mein Autogrammbuch ein und unterzeichnete mit dem Stempel »Hadji Schaad El Molk, der Meteor des Königreiches«. Wir verabschiedeten uns und begaben uns zum Bürgermeister, woselbst wir dinierten.

Später unternahmen wir einen Ritt durch die Stadt. Durch enge, schmutzige Gassen kamen wir auf den unendlich großen Friedhof. Hier sah man Grab an Grab, man möchte sagen, sogar Grab auf Grab. Hier ist die heilige Stätte der Perser, denn viele reiche und fromme Leute lassen sich von weit her hier auf dem heiligen Friedhof von *Meschhed* begraben, doch werden diese Leichname nicht in die Erde gelegt, sondern auf dieselbe und mit Lehm bedeckt. Am Kopfende wird eine kleine Steintafel mit Inschrift hingelegt und mit Kieselsteinen eine Einfassung gemacht.

Der Boden ist lehmig und wenn zur Regenzeit das Wasser in Strömen vom Himmel kommt und die Erde aufweicht, dann kann man die geweihte Grabstätte kaum noch als solche erkennen, denn die Gebeine der hier Beerdigten schwimmen und treiben dann in dem großen Lehmteiche herrenlos umher.

Am Morgen des 24. November galt unser Besuch dem russischen und dem englischen Konsul. An ersteren hatten wir bekanntlich vom General Kuropatkin aus *Aschabad* ein Empfehlungsschreiben. Als wir dort anlangten, ließ der russische Konsul sich durch seinen Diener krank melden. Er ließ uns jedoch ausrichten, dass er alles tun würde, was wir verlangten. Wir hatten jedoch in *Meschhed* bereits genug über den russischen Herrn Konsul erfahren, so zum Beispiel von seiner unliebenswürdigen Behandlung zweier österreichischer Offiziere – also ließen wir dem Konsul unseren Dank übermitteln und dass wir leider nicht in der Lage seien, seine Güte in Anspruch nehmen zu können.

Dann begaben wir uns zum englischen Konsul, der sich in Gesellschaft eines englischen Arztes befand. In liebenswürdigster Weise wurden wir von den beiden Herren empfangen. Man lud uns ein, an ihrer Frühstückstafel teilzunehmen. Außer dem Konsul, seiner Gemahlin und dem Arzt waren noch die drei Herren der Bank, mein Kollege und ich anwesend. Die Unterhaltung drehte sich auch hier natürlich um unsere Weltumwanderung und die einzuschlagende Route. Man teilte uns mit, dass *Afghanistan* verschlossen sei und uns nichts anderes übrig bliebe, als über *Teheran* nach *Bender-Buschehr* am *Persischen Golf* zu reisen, oder umzukehren.

Unser ganzes Unternehmen schwebte in Gefahr, ins Wasser zu fallen. Es musste also ein anderer Ausweg gefunden werden!! Nimmt man die Karte von Asien zur Hand, so erblickt man südlich von *Meschhed* ein undurchforschtes Gebiet. Im Westen ist dasselbe vom *Iran*, im Osten von *Afghanistan* begrenzt. Unser Weg führte nach Osten – da aber *Afghanistan* für uns verschlossen war, wurden wir hier von unserer ursprünglichen Reiseroute abgedrängt. Es blieb uns zum Weitermarsch nur die Durchquerung der berüchtigten Salz- und Sandwüste *Dasht I Lut* übrig. Ein gefährliches Wagestück – aber es musste sein!

Hier in *Meschhed* und dessen Umgebung hatte schon manch einer die Reise aufgeben und umkehren müssen. Der Radfahrer Steven, der zuerst auf dem Zweirad die Erde umfuhr, wurde, als er von *Meschhed* aus nach *Afghanistan* vordringen wollte, gefangengenommen und nach der Festung *Herratt* und von dort wieder nach *Meschhed* zurückgebracht. Von dort begab er sich eiligst nach *Constantinopel*, um per Schiff nach Indien zu fahren. Auch Allen und Sachleben, zwei Amerikaner, die es Steven nachmachen wollten, mussten hier die Reise aufgeben und sich nördlich nach Sibirien wenden.

Soweit wir die Situation übersehen konnten, sollte uns ein gleiches Schicksal bevorstehen, doch wir ließen uns nicht einschüchtern. Genau studierte ich die Karte: Wenn man von *Meschhed* nach Süden blickt, liegt unmittelbar links *Afghanistan* und im Süden eine große, unabsehbare Wüste, die auf der Karte einen weißen Fleck – ein Terra Incognita – darstellt. Rechts liegen *Iran* und *Arabien*, unsere Route lag direkt Ost-Süd-Ost, d. h. durch *Afghanistan* hindurch. Aber dieser Weg war für uns ein für alle mal verschlossen! Nun kam es darauf an, ob es möglich war, das unbekannte Innere der großen, gefürchteten Sandwüste von Norden nach Süden allein zu Fuß zu durchqueren!

Alle Europäer in *Meschhed* waren gegen die Möglichkeit der Durchquerung, insbesondere da wir ja allein zu reisen gezwungen seien und nicht genug Wasser und Nahrung mit uns tragen könnten. Aber wir hielten fest an diesem Plan und entschlossen uns, keine andere als diese Richtung einzuschlagen. Nach kurzem Bedenken war mein Kollege mit dabei, dieses Problem zur Ausführung zu bringen. Der englische Arzt stellte bereitwilligst eine kleine Hausapotheke zusammen; unter anderem Gegengifte gegen Bisse der hier sehr gefährlichen Tausendfüssler und Skorpione.

Am letzten Tage unserer Anwesenheit in *Meschhed* ließen wir alle diejenigen Karawanenführer, deren Routen das Gebiet der Wüste berühren, zusammenkommen, aber niemand konnte uns genaue Auskünfte geben. Sie erzählten uns von Sandstürmen und von Karawanen, die, wenn sie in die Wüste hineinmarschierten, nimmermehr zum Vorschein kämen – von Trockenheit und Wassermangel und entfalteten vor unseren Augen ein Bild, das so abschreckend war, dass es uns ganz ängstlich zu Mute wurde.

Mein Kollege und ich zogen Papierstreifchen, ob wir den Plan durchführen sollten oder nicht. Einmal verlor er und einmal ich, aber wir zogen immer wieder, bis ich schließlich der Sache müde wurde und die Papierchen unwillig fortwarf. »Mag da kommen was will,« sagte ich, »lass es uns versuchen und wollen und es muss und wird uns gelingen!!!«

Neu mit Proviant und Kleidung ausgerüstet traten wir am 28. November die Wanderung nach Süden an. Die Herren der Bank begleiteten uns eine Strecke weit durch die in der Umgebung der Stadt liegenden Gärten zu einer etwa zwei Fassach entfernt liegenden Karawanserei. Dort ließen wir uns zu einem Picknick nieder und in fröhlicher Unterhaltung verliefen die letzten Minuten unseres Zusammenseins. Als alles aufgezehrt war und wir auch die letzte Flasche ergründet hatten, schnallten wir unser Gepäck um und griffen zum Wanderstabe. Unter lauten Hochrufen nahmen wir Abschied von den Bekannten. Inständig wurde uns mit Tüchern zugewinkt und wir schwenkten unsere Stöcke, bis wir uns gegenseitig aus den Augen verloren.

Der breite Karawanenpfad führte in direkter Richtung zum *Biralut*-Gebirge. Unterwegs begegneten uns mehrere Karawanen mit Maultieren. Die Tiere trugen unglaublich schwere Lasten. Eines war mit zwei geschnitzten großen Holzkästen beladen. An der Außenseite derselben waren vergitterte Fensterchen angebracht und als ich neugierig in eines

Stupp in der persischen Wüste Dasht-I-Lut

Karte der Wüste Dasht-I-Lut nach einer Zeichnung von Heine Stupp

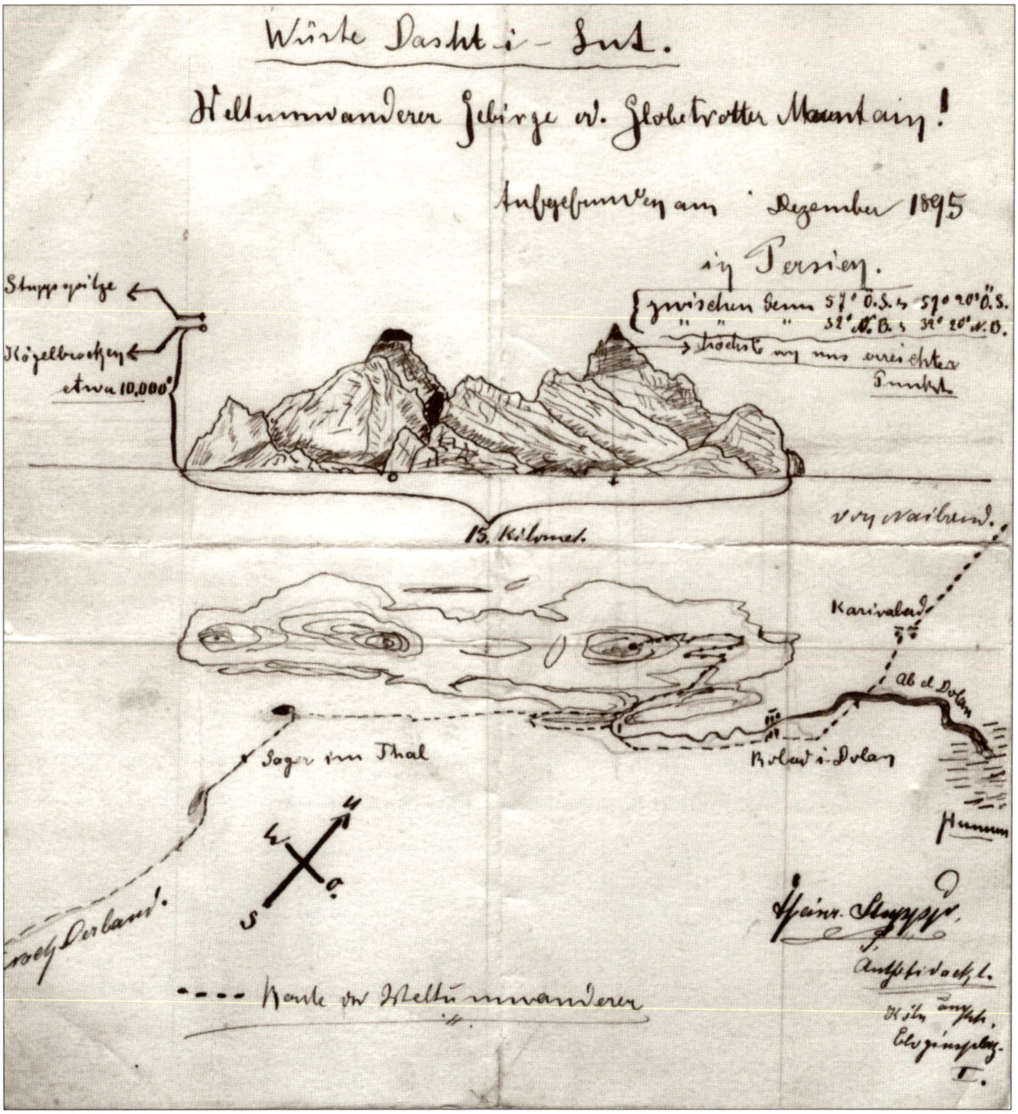

hineinschaute, blitzten mir zwei schwarze Augen entgegen. Diese Kästen dienen zum Transport reisender persischer Frauen. Andere Frauen saßen vor ihren Gatten auf den Pferden; sie ritten in ihren langen, grünen, unten zusammengezogenen Hosen, ebenso wie die Männer. Ihr Gesicht aber war vollständig verschleiert, nur dort, wo sich die Augen befinden, war im Stoffe ein kleines rundes Gitterfensterchen.

Mittlerweile hatte sich der Weg in einem trockenen Flussbette verlaufen und diesem mussten wir aufwärts folgen. Dunkle Felsmassen wechselten sich mit kleinen grünen Rasenstücken ab. Zahlreiche Bäche wälzten sich schäumend zwischen Felsschluchten hindurch. Als wir den ersten Pass erreicht hatten, sahen wir vor uns eine hohe Steintafel, umgeben von einem Haufen kleiner Steine. Vor dieser Tafel lagen Pilger auf ihren Knien; einige reckten die Hände zum Himmel empor, andere rissen sich Läppchen von ihren bunten Gewändern und banden selbige an die schon vorhandenen zahlreichen Fetzen an, die am Fuße der Steintafel angebunden waren.

Vor uns zur Rechten lag ein gewaltiges Tal, im Hintergrund die große Stadt *Meschhed* mit ihren zahlreichen Türmen und Minaretts. Die von Süden kommenden Wallfahrer sehen von dieser Stelle aus zum ersten Male das »Heilige Grab«. Aus Dank zu »Allah«, dass es ihnen vergönnt gewesen, die gelobte und heilige Stätte zu sehen, vollführen sie vorerwähnte Zeremonie.

Durch Zufall gelang es mir, in den Besitz einiger dieser Läppchen zu kommen!

Wir wandten uns nun weiter südlich, überschritten noch verschiedene Gebirgskämme und erreichten am selben Abend den Ort *Scherifabad*. Hier herrschte reges Leben, denn unweit dieses Ortes vereinigen sich 2 große Karawanenrouten, eine derselben kommt von *Teheran*, die andere von *Birdschend*.

In der Nacht sank das Thermometer um ein Bedeutendes und leichter Frost trat ein. Am anderen Morgen waren die persischen Reisenden schon alle fort als wir erwachten, da dieselben stets vor Tagesanbruch aufbrechen. Als wir an die Stelle kamen, wo sich die große Karawanenstrasse nach zwei Richtungen trennt, fanden wir hier noch so viele Pfade, dass wir weder wohin noch woher wussten! Wir schlugen daher eine uns am besten konvenierende Richtung ein, selbstverständlich die falsche. Erst jenseits wurde das Terrain besser und wir stiegen zu einer Hochebene hinauf, wo wir endlich den rechten Weg wieder fanden.

Nach Sonnenuntergang erreichten wir am dritten Tag unserer Wanderung ein verfallenes Steinhaus. Der Karte zufolge sollte sich hier ein Ort befinden, wir fanden jedoch weder ein menschliches Wesen noch Wasser und es blieb uns nichts anderes übrig, als auf der nackten Erde unsere müden Glieder auszustrecken. Doch die eisige Kälte und der knurrende Magen ließen uns nicht lange schlafen, Holz oder Dornengestrüpp zum Feuermachen war weit und breit nicht zu finden. Gegen drei Uhr nachts traf eine Karawane hier ein und in Gesellschaft derselben setzten wir unseren Weg zum Fuße eines dunklen Felsengebirges fort.

Die Leute waren alle mit ganz alten Gewehren und Steinschlosspistolen bewaffnet. Man versicherte uns, dass in diesen Schluchten sehr oft Raubüberfälle stattfänden. Der Weg führte durch einen langen, schmalen Hohlweg und wir waren gezwungen, öfters einen Wasserlauf zu passieren, der sich zwischen demselben hindurchzwängte. Dadurch gerieten wir oftmals bis zu den Knien ins Wasser. Dann galt es einen steilen Abhang hinaufzuklettern und die Karawanenführer hatten nicht geringe Mühe, ihre Tiere glücklich durchzubekommen.

Kamele können diesen Pass nicht überschreiten, obschon dieselben sonst in Persien sehr steile Gebirge passieren. Es war erstaunlich, wie die Esel mit ihren schweren Lasten gleich Gemsen mit größter Sicherheit von einem Felsen zum anderen sprangen. Von den gefürchteten Räuberhorden war nichts zu sehen und wir erreichten ohne Zwischenfall gegen Nachmittag ein kleines Dorf, in dem wir wenigstens Brot und Rosinen fanden. Die Einwohner waren sehr liebenswürdig und wollten uns absolut dort behalten, doch unsere Zeit war knapp bemessen und nach einstündiger Rast setzten wir den Marsch fort.

Auf den Gebirgspässen sah man links und rechts etwa 6 Meter hohe, runde Steintürme, sogenannte Schutztürme, die zwar jetzt unbenutzt blieben, in denen sich jedoch in früheren Zeiten, als *Transkaspien* noch nicht zu *Russland* gehörte, die Bewohner der umliegenden Ortschaften verbarrikadieren konnten – zum Schutz gegen die gefürchteten turkmenischen Horden, die das ganze nordpersische Gebiet dazumal raubend und sengend durchzogen!

Kame, so hieß die kleine Niederlassung, die wir am Abend erreichten. Die Dorfbewohner verweigerten uns anfangs jede Nahrung, obschon wir dafür zahlen wollten. Hieran waren hauptsächlich die Frauen des Ortes schuld, da dieselben sich nicht bequemen wollten, für uns Brot zu backen. In den kleineren Niederlassungen wird von den Weibern zweimal am Tage – morgens und abends – Brot gebacken und stets nur soviel, als sie für ihre Familien brauchen. Das Korn wird erst kurz vor Gebrauch zwischen zwei groben, runden Steinen gemahlen, dann mit Wasser zu Brei gemengt und auf heißem Lehm gebacken, in Form unserer Eierkuchen.

Ich legte dem Chan des Ortes den Befehlsbrief des Gouverneurs vor und bedeutete ihm, dass ich ihn, wenn er nicht schnell Brot sowie Eier liefere, beim Generalgouverneur von *Choressan*, unter dessen Hoheit er stand, anzeigen würde. Das genügte, um den alten Starrkopf mürbe zu machen. Binnen einer Stunde war das Gewünschte zur Stelle, wofür wir 2 Kran (1,60 Mark) bezahlten.

Nach zweitägigem Marsch erreichten wir *Türbet-i-Haidari*. Das Wetter war eisig kalt, und trotzdem wir einen kleinen Dauerlauf hinter uns hatten, waren unsere Hände und Füße fast erstarrt. In der Karawanserei, in der wir abstiegen, war kein Feuer und auch kein Holz zu bekommen. Die sich sofort neugierig um uns gesammelten, uns mit Bewunderung angaffenden Perser wollten sich nicht bequemen, Holz herbeizuschaffen. Je mehr wir hierüber schimpften, desto größer und lästiger wurde die Schar der Neugierigen, die uns verlachten und sich dicht um uns drängten.

Wir zogen uns in eines der kahlen Lehmgemächer der Karawanserei zurück und versuchten die sehr primitive Tür zu schließen. Doch die immer mehr drängende Menge hatte dieselbe bald erobert und in wilder Hast stürmten sie unter lautem Gelächter in unseren Raum. Wir zogen unsere Revolver und nur mit Mühe gelang es uns, ohne einen Schuss abzufeuern, die Leute wieder zurückzuweisen. Darauf begann man – durch eine Öffnung im Dach – uns mit Steinen zu bombardieren, so dass wir gezwungen waren, das Gemach zu verlassen.

Wütend zog mein Kollege das Seitengewehr und haute damit ohne langes Federlesen in die lärmende Menge. Doch sofort fiel ich meinem Freunde in die Arme, denn dicht vor mir sah ich einen Perser mit grüner Schärpe und grünem Turban, ein Nachkömmling des Propheten. Dies hätte verhängnisvoll werden können, denn nur ein Griff nach diesem Jünger Alis und die Menge würde uns auf der Stelle gelyncht haben.

Er rief die Leute zur Ruhe und näherte sich uns dann. Diesem Manne legten wir den Empfehlungsbrief vor, den wir für einen hier wohnenden Kaufmann in *Meschhed* erhalten hatten. Der Zufall wollte es, dass der vor uns stehende Mann der Adressat des Briefes war. Dies war eine glückliche Wendung in einer für uns sehr peniblen Situation. Unter dem Schutze des persischen Kaufmannes wanderten wir durch ein Labyrinth enger Gassen durch einen großen, sehr belebten Basar nach einem Handelshause, einem zweistöckigen Ziegelsteingebäude.

Auf dem geräumigen Vorhofe lagerten viele Karawanen. Hier sah ich schwarze und weiße Esel, graue, braune und weiße Kamele. Im Hause des vornehmen Persers, dem Chef De Cormerean Hadji Ali Akbar fanden wir zwei Armenier, welche auch der französischen Sprache mächtig waren und die sich hier nach europäischem Stile eingerichtet hatten. Wie überall bei den Armeniern, so auch hier, fanden wir eine liebenswürdige Aufnahme.

Am Abend waren wir zum Ketchoda, zum Bürgermeister der Stadt geladen. Der General von *Türbet*, Prinz Mahmed Risa Mirza, empfing uns mit großer Höflichkeit. Sechzehn Vornehme der Stadt waren zum Diner befohlen und zu unserem Erstaunen hatte man uns silberne Teller, Messer und Gabeln vorgelegt. Die Speisen waren aufs vorzüglichste zubereitet und auch der ländliche Scherbett mundete sehr. Erst spät am Abend trennte sich die Gesellschaft.

Am Mittag des folgenden Tages verließen wir die Stadt und ihre fanatische Bevölkerung und wandten uns nach *Tischruht*. Der Weg führte durch ebenes, gut bebautes Land und am Abend fanden wir eine alte Lehmhütte, in der wir campierten. Die Nacht war eisig kalt, der Boden sehr hart und mit steifen, schmerzenden Gliedern setzten wir gegen 3 Uhr morgens die Reise fort. Unterwegs trafen wir einen Perser, den wir veranlassten, uns bis zum Orte *Gunabad* zu begleiten. Er verlangte hierfür 4 Kran im voraus, die wir ihm auch gaben! Der Weg führte durch große Alkali- und Salzebenen. Die Dicke des trockenen Sandes zersprang unter unseren Füssen.

Der Mann, der uns durch diese Einöden führen sollte, ließ sich aber schon nach vier Stunden auf die Erde fallen und erklärte kurzweg, nicht weiter gehen zu können. Alles Drängen, Stossen und Schimpfen nutzte nichts, auch unsere Faustpüffe schienen bei ihm keine Wirkung zu haben. Trotz unserer Drohungen blieb er störrisch wie ein Esel auf der Erde liegen und nachdem ich ihm mit meinem Wanderstabe 25 Hiebe übergezogen hatte, blieb uns nichts anderes übrig, als den Kompass zur Hand zu nehmen und nach der mangelhaften Karte den Weg allein fortzusetzen.

Wenn man so gewaltige Gebiete durchwandert, in denen die Natur unumschränkter Herrscher ist, empfindet man das Gefühl ungebundenster Freiheit. Mit der Spürigkeit eines Pfadfinders, der eine Terra Incognita durchschreitet, suchten wir die Richtung nach *Amroni*. Den Ort erreichten wir auch glücklich vor Sonnenuntergang. Sonst hätten wir unseren müden Körper ohne Abendessen an den braunen Busen der Mutter Erde betten müssen.

Die ganze Umgebung von *Amroni* war dicht besät mit den dunkelbraunen Filzzelten der Ilchane. Dies sind eingewanderte Völker sehr verschiedener Abstammung, meist Tataren, Kirgisen, Belutschen, Afghanen, die sich hier in den Wüstengebieten und angrenzenden Ländern niederließen. Diejenigen, die ich hier antraf, schienen mir erst vor kurzem von *Afghanistan* nach hier übergesiedelt zu sein. Halbnackte, braune Kinder mit wild herabhängenden Haaren kamen uns scharenweise entgegen, da sie uns gleich als Fremdlinge erkannt hatten.

Schreiend und singend tanzten sie im Kreise um uns herum. Oft befühlten sie uns und zupften an unseren Hosen, als wollten sie sich überzeugen, ob wir wirklich Menschen seien und erst, als wir eine Handvoll Kupfermünzen unter sie warfen, nahm die Freude kein Ende und sie tummelten sich gleich jungen Hunden im Sande umher.

Nachdem wir das Lager passiert hatten, kamen wir zum Orte selbst. Die Karawansereien waren dort in sehr schlechtem Zustande und bestanden nur aus offenen Hallen. An diesem ungemütlichen Orte hielten wir uns daher nur kurze Zeit auf und setzten dann den Marsch durch die eintönige Ebene fort. In der Nacht erblickten wir am Horizont an verschiedenen Stellen Feuerschein. Als wir näher kamen, sahen wir, dass dies die Lagerfeuer der hier in der Erde wohnenden Ilchane waren.

Gegen Mittag des kommenden Tages erreichten wir *Gunabad*. Auch hier hatten wir durch die Bank von *Meschhed* ein Empfehlungsschreiben an einen ortsansässigen Kaufmann und wurden daraufhin von dem betreffenden Herrn aufs liebenswürdigste empfangen. Derselbe überreichte uns einen Brief, den uns die Herren der Bank mittels Kurier nachgesandt hatten.

Gunabad–Kirman

In *Gunabad* fiel nach langer Zeit der erste Regen – leider dauerte derselbe nur ¼ Stunde. Gulam Mirza und Mohamed Mohamed hatten uns ein schönes Zimmer als Wohnung überlassen, welches mit kostbaren Teppichen ausgelegt war. Die Ältesten des Ortes waren zusammengekommen, um uns zu sehen. Alles, was wir hatten, wurde bewundert: Am meisten unsere Federn, Bleistifte und Tagebücher. Die Leute wunderten sich, dass wir nicht wie sie von rechts nach links, sondern umgekehrt schrieben und studierten so genau unsere Tagesnotizen, als wenn sie den Inhalt dieser fremden Schrift entziffern wollten.

Ihr Erstaunen stieg noch mehr, als wir unsere Landkarten vor ihnen ausbreiteten.

Es war eine Mappe von *Persien* und den angrenzenden Gebieten und eine Karte von ganz *Asien*. Zuerst legten wir Ihnen die erstgenannte Karte vor und zeigten ihnen das große persische Reich des Schah In Schah, dann das kleinere *Afghanistan* und das kleinere *Belutschistan* und alle, die da im Kreis herumsaßen, riefen erstaunt und selbstbewusst »Cheile chub Iran tomascha saba!«

Als ihre Begeisterung zu den Höchsten Potenzen gestiegen war, breiteten wir mit großer Erwartung die große Karte von ganz *Asien* aus. Mund und Ohren aufsperrend harrten sie der Dinge, die da nun kommen sollten. Zuerst zeigte ich das kleine *Arabien*, das kleinere *Belutschistan*, dann das größere *Afghanistan* und dann das große *Persien* und freudig klatschten sie in die Hände.

Dann aber zeigte ich das gewaltige *Indien*. »O engleske«, riefen sie und ihre Mienen verzogen sich zu einem Grinsen. Dann zeigte ich das riesige *China* und es war interessant in diesem Momente die – noch vor kurzer Zeit so begeisterten – Gesichtszüge zu beobachten. Als ich das eminente *Russland* und *Sibirien* zeigte, dessen Adlerschwingen sich über ganz Nord- und Zentralasien ausbreiten, da griffen sie sich vor Verzweiflung an den Kopf.

Mir selbst kamen unwillkürlich die Gedanken, *Iran* einmal in Händen der russischen Regierung zu sehen, wenn es diesem gewaltigen Staate bis zu dieser Zeit nicht grade so ergangen sein wird, wie einst dem großen römischen Reiche, das wegen seiner immer mehr zunehmenden Größe und der damit verbundenen Regierungsschwierigkeiten in sich selbst zerfiel.

Nachdem sich die Personen von ihrem Erstaunen erholt hatten, lud man uns ein, einen Spazierritt zu unternehmen, um gleichzeitig dem zwei Stunden von hier wohnenden Gouverneur E Madel Molk einen Besuch abstatten zu können. Wir bestiegen zwei feurige Hengste und galoppierten in Begleitung unserer Bekannten durch die Stadt, verfolgt von einer staunend gaffenden Menge, welche noch nie zuvor einen Europäer gesehen hatte.

Bald war der Ort *Jumain* erreicht, woselbst wir zuerst Seiner Exzellenz unsere Aufwartung machten. Er ließ uns zwei Stühle bringen, bot uns Zigaretten und Tee an und unterhielt sich mit uns, insofern man bei unseren mangelhaften Kenntnissen der persischen Sprache von einer Unterhaltung sprechen konnte. Ausgerüstet mit einem Empfehlungsschreiben »an die Untertanen des Gouverneurs E Madel Molk« kehrten wir vollkommen befriedigt nach *Gunabad* zurück, das wir am drauffolgenden Morgen verließen.

Der Weg führte quer durch ein breites, unfruchtbares Tal zum Fuße eines hohen, kahlen Gebirgszuges. Hier lag der Ort *Kelat*, woselbst wir übernachteten. Von hier folgten wir dem Bette eines fast ausgetrockneten Wasserlaufes bis zu dessen Quelle. Oben im Gebirge sahen wir die komischsten Felsformationen, sogenannte »Naturwunder«. In einer derselben erkannte ich eine Familienszene, in der die Mutter dem Vater ein kleines Kindlein in die Arme legt. Am Südabhange begegneten uns größere Ziegenherden. Die Tiere zeichnen sich durch lange zottige Haare und kurze Beine aus. Von der Wolle derselben werden die schönen persischen Teppiche und Wollstoffe gewebt.

Als wir die Höhe des letzten Gebirgskammes erreicht hatten, lag zu unseren Füssen die Stadt *Tun*. Dicht dahinter dehnte sich in unabsehbarer Länge die berüchtigte Wüste *Dasht I Lut* aus, deren Geheimnisse zu erforschen wir uns zur Aufgabe gestellt hatten. Nachdem wir vom Gebirge herabgestiegen waren, wanderten wir 2 Stunden durch die prachtvollen Vorgärten der Stadt, deren Tore wir kurz vor Sonnenuntergang erreichten.

Wir lenkten unsere Schritte zuerst zum Gebäude des Ortsvorstehers A Mir Es Lan, welcher uns durch einen Vertreter empfangen ließ. Dieser wies uns ein Zimmer in seinem Hause an. Der Ortsvorsteher selbst wollte sich nicht bequemen, den Harem zu verlassen.

Am Morgen des 4. Dezember 1895 ließ uns A Mir Es Lan rufen. Er war ein großer Mann mit riesiger Nase, dessen ganzes Äußeres den Tyrannen erkennen ließ. Wir sprachen mit ihm über die Wüstenreise und lenkten dann das Thema auf *Afghanistan*, aber er fuhr sich mit der Hand über die Kehle. Er wollte damit sagen, dass mit dem wilden Volke nicht zu spaßen sei. Ich hatte genug von diesem Volke und ich ließ den Gedanken, *Afghanistan* zu durchqueren, für diese Reise fallen!!!

Nun hieß es, für die große Wüstenreise Vorbereitungen zu treffen. Wir begaben uns zum Markte, kauften je einen Wassersack aus Ziegenfell, einen kleinen kupfernen Kessel, Tee, Zucker, Rosinen, Brot, Wachskerzen und vieles mehr und ließen uns von den Karawanenführern, so gut als möglich, die Richtung beschreiben, die nach dem nächsten, südlich gelegenen, bewohnten Ort führe.

Schwer beladen mit Nahrung und je einem mit Wasser gefüllten Ziegenfellbeutel betraten wir die große persische Sand- und Salzwüste *Dasht I Lut*, welche sich an der Grenze von *Afghanistan* entlangstreckt. Kein Europäer vor uns hatte dies unbekannte Innere der iranischen Senke in seiner ganzen Ausdehnung von Norden nach Süden durchquert.

Die ersten 2 Tage unserer Wüstenwanderung waren absolut nicht unangenehm. Es war eben etwas Neues für uns und staunend beobachteten wir die weite unheimliche Fläche, auf der sich hier und da ein kahler Gebirgskegel erhob. Die Schwierigkeiten unseres Marsches lagen darin, dass der Sand sehr weich und unser Gepäck unerträglich schwer waren. Dadurch transpirierten wir sehr stark und mussten mehr Wasser zu uns nehmen, als unsere momentane Lage es erlaubte.

Das ganze Gebiet wurde immer eintöniger, man fühlte sich so ganz von der Welt verlassen. Und dann die unheimliche Stille – dies alles trägt dazu bei, dass der diese Öden durchwandernde Mensch in eine eigenartige Stimmung versetzt wird. Unser Wasservorrat nahm schneller ab, als wir erwartet hatten; bald sahen wir uns gezwungen, nach Wasser zu suchen. Wir passierten mehrere zerfallene, unbewohnte Karawansereien, doch nirgends war ein Anzeichen von Wasser zu sehen.

Es war schon 10 Uhr abends am dritten Tage unserer Wüstenreise, als wir vom Durst getrieben unsere Krüge zur Hand nahmen, um in einem nahen Felsengebirge nach Wasser zu suchen. Mein Freund wandte sich nach Osten, ich nach Südwesten. Mit Hilfe einer Kerze, die aber im Winde stets flackerte und oft auslöschte, kletterte ich unter höchster Lebensgefahr in den Felsspalten umher, bis ich nach stundenlangem Suchen das Glück hatte, eine Wassergrube zu finden.

Sie war sehr tief und schwer zu erreichen. Ich schnallte daher Riemen aneinander und band Kordeln zusammen und als das immer noch nicht reichte, meinen Rock dazu. Schließlich folgten noch die Schuhriemen und zuletzt der Wanderstab. So gelang es mir, flach auf der Erde liegend, die kostbare Flüssigkeit zu Tage zu fördern. Hastig setzte ich den Krug an den Mund, doch ebenso hastig wieder ab, denn das vermeintliche Wasser verbreitete einen pestartigen, betäubenden Geruch. In dieser gelbbraunen Flüssigkeit wimmelten, wie ich nun bemerkte, eine Menge kleiner Insekten und Würmchen.

Aber der brennende Durst quälte mich zu sehr: Ich schloss die Augen, hielt mir die Nase zu und mit Gier trank ich von dieser Flüssigkeit, welche mich etwas erquickte. Aber das Wasser enthielt viel Alkali und verursachte an dem vorher so trockenen Gaumen ein scharfes Brennen, so dass ich nicht genug von diesem gelben Wasser trinken konnte. Abermals füllte ich dann den Krug und begann den Rückweg. Die Nacht war eisig kalt und meine Finger steif gefroren. Mit großer Vorsicht – halb balancierend, halb kriechend – kletterte ich abwärts.

Als ich an der Lagerstätte eintraf, war mein Freund noch nicht da. Er kam erst gegen 1 Uhr nachts ganz erschlafft und ohne Wasser zurück und erzählte mir sein Leid, dass er gestürzt sei und dass bei dieser Gelegenheit Krug und Kerze in einem tiefen Abgrunde verschwunden seien. Sofort reichte ich ihm die von mir gefundene Flüssigkeit und in großen Zügen trank er diesen braunen Erdensaft – gleich Rebensaft – ohne zu ahnen, dass er nun seinen Magen in ein Aquarium verwandelte.

An Schlaf war nicht zu denken. Die Kälte war zu scharf und als nach kurzer Zeit der Vollmond am Himmel aufstieg, um seinen Weg zwischen dem Heere leuchtender Sterne hindurch zu bahnen, da setzten wir den Marsch wieder fort. Mond und Sterne sind hier in *Persien* in viel bedeutenderer Größe und Schärfe zu sehen, durch die hier herrschende Trockenheit der Atmosphäre. Daher kam es auch, dass wir am folgenden Tage einen Gebirgszug, an dessen Fuße der Ort *Dehak* liegen sollte, erst am Abend erreichten, obschon wir denselben dicht vor uns glaubten.

Der kleine Wüstenort *Dehak* besteht aus etwa 80 Lehmhütten und ist umgeben von spärlichen Reisfeldern. Seine Existenz hat der Ort nur einem kleinen Bächlein zu verdanken, welches vom Gebirge kommt, um nach kurzem Laufe wieder im Wüstensande zu versickern. Der Ketchoda, ein sehr angenehmer Mann, ließ gleich Eier und Hühner kochen, bot uns sein Zimmer an und tat alles, was man von dem Vertreter einer so armseligen Niederlassung verlangen konnte.

Als wir von ihm Abschied nahmen, musste ich ihm beide Wangen küssen. Es war dies eine besondere Ehre, die mir zuteil wurde – diese Zeremonie zu wiederholen hatte ich in *Persien* noch oftmals Gelegenheit. Überall hat man mich als einen Liebling des Volkes aufgenommen, was nicht wenig dazu beitrug, dass wir überall mit so großer Gastlichkeit empfangen wurden und dass man uns in jeder Hinsicht wohlwollend unterstützte.

Der Karte gemäss lag unsere Route nun Süd-Ost, doch kein Pfad war zu sehen! Nach dem Kompass bestimmten wir die Richtung und marschierten in der endlosen Ebene dahin, ohne zu wissen, wo wir eine menschliche Behausung antreffen würden. Unsere Karte war total falsch, nichts auf ihr stimmte mit der Wirklichkeit überein. Anstelle zahlreicher Gebirgszüge, die wir hier um uns sahen, war auf der Karte nur ein weißer Fleck, in dem hier und da ein einzelner Ort verzeichnet war.

Stunde auf Stunde, Tag auf Tag flossen dahin, ohne dass wir die geringsten Spuren menschlicher Behausungen fanden – kein Tier, absolut nichts, war zu erspähen. Dann und wann stießen wir auf Karawanenpfade, die jedoch alle in andere Richtung führten. Kleine Steinhaufen an den Kreuzungen deuten den Karawanenführern die Richtung an – uns jedoch waren diese Wegweiser unverständlich.

Oft ließen wir unseren Unwillen darüber aus, dass in *Persien* so schlechte Wegverhältnisse existieren, was ja auch für den Handel so nachteilige Folgen hat. Oft kann nicht mal ein Lasttier zwischen den Gebirgen hindurchkommen; Wagenverkehr ist in ganz *Ostpersien* ausgeschlossen. In früheren Zeiten, zu Zeiten von Cyrus und Darius, war *Persien* ein blühendes Reich. Gute Strassen und Postverbindungen erleichterten den Verkehr und die Wege waren in »Fasach« eingeteilt – wie unsere Landstrassen in Kilometer. Doch jetzt ist das Gestirn von »Irwan« verblichen. Werft dieses Land hinunter zu den Toten, das Maß ist voll!

Mein Freund begann mir bereits Vorwürfe zu machen, dass ich ihn zu dieser Wüstenwanderung überredet hätte, bei der wir dem sicheren Tode entgegengingen. Ich suchte ihn jedoch, so viel als möglich, zu beruhigen, obschon ich selbst einsah, wie gerecht die Warnungen unserer Bekannten in *Meschhed* waren, die wir früher verlacht hatten.

Mühsam und eintönig zog sich unser Weg, einen Tag nach dem anderen, in der Sandwüste dahin. Durch nichts wurde die schauerliche Ebene unterbrochen – so weit das Auge reichte. Einsam und verlassen wanderten wir voran. Wir waren umringt von einer unabsehbaren Ewigkeit, nichts als Sand und wieder Sand, kaum noch trugen uns unsere Füße. Man hat keine Vorstellung von der Größe des verzehrenden Durstes, dem man hier ausgesetzt ist. Es gehört wirklich eine bedeutende Geduld und Selbstbeherrschung dazu, unentmutigt auszuharren.

Unsere Füße sanken im Sande bei jedem Schritt bis über die Knöchel ein. In der Ferne vor uns sahen wir eine dunkle Wolke. Wir dachten zuerst, eine »Fata Morgana« zu sehen, die so oft neckend am Horizont erscheint; doch die dunkle Wolke wurde größer und größer und wir erkannten mittels Feldstechern ein kahles Gebirge, das unserer Karte gemäss der siebentausend Fuß hohe *Kuh-i-Naibend* sein musste. In diese Richtung lenkten wir nun unsere Schritte.

Da breitete sich dicht vor uns eine stetig zunehmende, dunkle Fläche aus; der Boden wurde immer weicher und plötzlich standen wir vor einem großen Sumpfe, der sich links und rechts in unabsehbarer Entfernung erstreckte. Was war zu tun? Obschon von den Qualen des Durstes erschlafft, blieb uns nichts anderes übrig, als den Versuch zu machen, entweder durchzukommen oder zugrunde zu gehen!

Wir fassten die letzten Hoffnungen, schnallten unser Gepäck auf Kopf und Nacken zusammen und begannen dann langsam Schritt für Schritt den gefahrvollen Marsch. Immer tiefer sanken wir ein, immer beklemmender wurde unser Gefühl. Die Schlammassen reichten uns bereits bis über die Knie, doch glücklicherweise war der Untergrund stark genug, uns zu tragen. Je mehr wir uns der Mitte des Sumpfes näherten, desto flüssiger wurden die Schlammassen. Wir wateten bereits bis zur Brust in denselben, als ich meinem Freunde riet, Halt zu machen, um erst eine genaue Orientierung vorzunehmen. Wir zitterten am ganzen Leibe und die Kälte war sehr empfindlich.

Wir beschlossen nach einem links sich erhebenden Sandhügel zu waten, da anzunehmen war, dass dort die Schlammmassen nicht mehr so tief seien. Mühsam arbeiteten wir uns vorwärts; der Hügel erhob sich gleich einer Insel aus dem Moraste. Es gelang uns auch, in die Nähe desselben zu kommen, wo uns der Schlamm nur noch bis zur Hüfte reichte. Den Hügel selbst zu erklimmen war ein Ding der Unmöglichkeit. Eine uns bedrohende Vertiefung trennte uns von dieser Sandinsel und als mein Freund den Versuch machte, voranzuschreiten, wäre er fast versunken.

Ich schlug vor, uns nach einer zweiten, anderen Erhöhung vorzuarbeiten. Diesmal hatten wir mehr Glück. Die Schlammassen nahmen ab, so dass wir nur noch bis zu den Knien in denselben steckten. Nach zweistündiger schwieriger und lebensgefährlicher Arbeit hatten wir den trockenen Sandboden erreicht.

Gerettet scholl es von unseren Lippen!!!

Unsere Körper waren mit einer dicken, braunen Schlammkruste überzogen, die wir mit unseren Faschinenmessern – so gut es ging – abschabten. Wasser war weit und breit keines zu sehen, und so mussten wir das Reinigungsexperiment den dörrenden Sonnenstrahlen überlassen!

Daraufhin setzten wir die Wanderung zum Fuße des gewaltigen Gebirgsstockes *Kuh-i-Naibend* fort. Der Sumpf, der sich weit nach Osten erstreckte, musste durch starke Regenfälle in den Gebirgen von *Birdschand* entstanden sein. Deren Bäche treten durch die gewaltigen Wassermassen über die Ufer und ergießen sich in die iranische Senke.

Das *Naibend*-Gebirge erhob sich kahl und steil aus dem Wüstenmeere. Keine menschliche Behausung war zu entdecken. Wir kletterten den ganzen Tag – und auch den darauffolgenden – ohne den Ort *Naibend* zu finden. Erst am Abend des zweiten Tages stießen wir auf einen Fußpfad. Diesem folgend ging es steil bergan. Endlich öffneten sich vor uns die Felsmassen und zu unseren Füssen, in einem idyllischen Tale, umgeben von grünen Wiesen und üppigen Feldern, im Schatten herrlicher Palmen, lag der Ort *Naibend*.

Dieser wunderbare Anblick gab uns neue Kräfte und bald hatten wir das Tal erreicht. Zu unserer Rechten stürzte sich ein klarer Gebirgsbach rauschend von einer steilen Felswand hinab. Mit ein paar Sprüngen hatten wir ihn erreicht und wir tranken mit Wonne das erquickende Wasser. Bald hatten wir uns von den Strapazen erholt und unter den schattigen Dattelpalmen, deren Früchte uns vorzüglich mundeten, ruhten wir wie im Paradies.

Unser besonderes Interesse erregten die Bewohner dieses einsamen Ortes. Sie waren größer und schlanker gebaut, als die bis jetzt gesehenen Perser. Die Augenbrauen und die Wimpern sowie der untere Rand des Auges waren mit Kohle schwarz gefärbt, so dass das Auge schärfer und feuriger hervortrat. Die dunkle Hautfarbe, die ganzen Gesichtszüge und der Kieferbau zeigten mehr den Charakter afghanischer Volkstypen. Ein alter Perser erzählte mir, dass *Naibend* früher von den räuberischen Afghanen häufig überfallen wurde, dass es sogar von denselben erobert wurde. Viele Afghanen nahmen sich persische Frauen und siedelten sich hier an. Dadurch scheint diese gemischte Rasse entstanden zu sein.

Die Hälfte der Wüste war durchquert! Nun galt es den zweiten Teil zu passieren. Am 14. Dezember verließen wir diese »Perle der Wüste«, um wiederum den Kampf mit den Schrecken eines Sandmeeres aufzunehmen! Schon als wir in *Naibend* weilten, hatte sich eine starke Nord-West-Windströmung bemerkbar gemacht, welche gleichzeitig eine große Kälte mit sich brachte. Dieselbe kam jedenfalls vom *Hindukusch* oder von *Sibirien*. Dem Süd-Monsun ist indessen wegen der hohen Grenzgebirge am *Persischen Golf* der Eintritt verschlossen.

Es war uns unangenehm kalt, besonders da wir auf freiem Boden oder in Erdlöchern schlafen mussten. Holz war auch hier, im südlichen Teile der Wüste, nicht zu haben. Wir waren daher froh, wenn wir hier und da trockenen Kamelmist fanden, den wir anzündeten und an dem wir unsere kalten Gliedmassen wärmten. Er bildete oft die einzige Unterlage unserer Lagerstätten.

Meine Schuhe, die ich in *Naibend* neu sohlen ließ, hatten schon nach den ersten 6 Stunden ihre Sohlen wieder verloren, denn die Perser kennen keinen Pechdraht und nähen alles mit Baumwolle. Ohne Schuhe konnte ich natürlich keinen Schritt machen. Da war guter Rat teuer. Ich fand aber ein Mittel, indem ich die viereckigen Blechhülsen, in denen wir die uns von Maggi in liberalster Weise nachgesandten Suppenextrakte mit uns trugen, auseinanderriss und sie dann mittels anderer schmaler Blechstreifchen an das Oberleder des Schuhes befestigte. So ging es wieder frisch voran!

Rechts in der Ferne sahen wir ein Gebirge, der *Kuh-i-Derbend*. Der Himmel bezog sich mit dunklen Wolken, der Wind blies heftig und wirbelte den feinen Sand in dichten Massen empor.

Das Sandmeer ist ein wunderbares und wahrhaft gefährliches Ding! Alles in ihm ist trockener Sand, ohne die geringste Feuchtigkeit. An diesem Morgen, bei dem starken Winde, erhoben sich Wellen und Wogen von Sand. Die Luft verdunkelte sich. Der Wind wurde heftiger und schwoll zum Sturme an. Die Sandwolken sausten pfeifend dahin, Sandhosen entstanden und wühlten das Sandmeer tief auf.

Den Körper vorgebeugt, die Lippen fest zusammengepresst, kämpften wir mit dem tosenden Elemente. Die Sandwellen, die sich dahinwälzten, glichen den aufgepeitschten Wogen eines Meeres und drohten uns zu vergraben. Plötzlich erfasste uns ein Wirbel und warf uns zu Boden. Den Kopf verhüllten wir mit unseren Mänteln und nur mit knapper Not konnten wir unsere Körper von den uns bedeckenden Sandmassen befreien.

Sechs Stunden währte dieser schreckliche Sturm – und volle sechs Stunden lagen wir bewegungslos in den Sandmassen. Dann endlich ließ der Sturm nach. Ruhig lag die Sandwüste und ringsum herrschte wieder Grabesstille. Gleich Feuer brannte unser Gaumen und unsere Gesichter waren blass. Nur schwer konnten wir atmen und im Innern fühlten wir die brennenden Qualen der Hölle. Als ich zum Wassersacke greifen wollte, sah ich zu meinem Entsetzen, dass sich in demselben nur noch ein kleiner Schluck befand – wir teilten uns diese letzten Tropfen!

Dann trennten wir uns, denn jeder gedachte, in einer anderen Richtung Wasser zu finden. Wir hatten vereinbart, binnen zweier Tage im Orte *Haus I Pani* einzutreffen. Dort sollte einer auf den anderen 3 Tage warten.

Ich wandte mich in Süd-Ost-Richtung und mein Freund wandte sich direkt nach Süden. Ich wanderte 55 Stunden ohne Aufenthalt und ohne das geringste Resultat, bis ich vor Ermattung zu Boden stürzte. Die fantastischsten Gedanken durchzuckten mein Gehirn. Nie war mir mein Leben gleichgültiger als in diesem Momente, als ich mich von aller Hilfe abgeschnitten sah, wo der letzte Hoffnungsstrahl verblichen.

So lag ich 13 qualvolle Stunden, als ich plötzlich das Geläute einer nahenden Karawane vernahm. Deren Führer hatten mich bemerkt und stärkten mich mit Trank und Nahrung und zeigten mir die Richtung nach der nur 4 Stunden entfernt liegenden Oase *Haus I Pani*. Die Karawane selbst kam von *Rawar* und zog in ostnordöstlicher Richtung nach *Birdschand*.

Als ich am Ziele eintraf, war mein Freund bereits seit 5 Stunden dort. Er hatte schon nach 30stündiger Wanderung Schlammwasser gefunden. Die Freude über das glückliche Wiedersehen war grenzenlos. Nun hatten wir endlich den Südrand der großen Persischen Salz- und Sandwüste erreicht. Nahezu 20 Tage hatten wir in derselben gelebt und gelitten.

Unzählige Karawanen sind schon in ihr zugrundegegangen. Sie sind gleichsam in den gewaltigen Sandwellen ertrunken, welche bald hier, bald dort auftreten – gerade wie die Winde zufällig blasen. Die ganze Wüste ist nicht eine einheitliche Ebene, sondern von zahlreichen niedrigen und höheren, kahlen Gebirgen durchzogen. Oft fanden wir bis zu 6000 Fuß hohe, zuweilen noch viel höhere Kammgebirge, die noch auf keiner Karte verzeichnet waren.

Auch besteht die Wüste nicht vollständig aus feinem Sande. Stellenweise ist der Boden lehmig und hart, an anderen Stellen ist es Kiesboden, der zuweilen mit fußhohem, feinem Sande bedeckt ist. Im südlichen Teile *der Dasht I Lut*, wo dieselbe in die Wüste von *Kirman* übergeht, besteht der Boden meist aus »Kaviar«, er ist dicht mit größeren und kleineren kohlschwarzen, glänzenden eckigen Steinen besät. Hier findet man auch vereinzelte, verdörrte Distelarten.

Wenn die Sonne ihre glühenden Strahlen auf die feinen, hellen Sandberge niedersendet, dann funkelt und glitzert es, als wäre man von einem Meere von Juwelen und Diamanten umgeben. Wir mussten zum Schutze gegen das grelle Licht unsere Augen mit blauen Brillen bewaffnen. An verschiedenen Stellen hatte die Erde eine Farbe, als sei Gold in ihr enthalten. Mein Kollege, der oft die Goldminen in *Nevada* besucht hatte, behauptete wenigstens so. Er nahm Bodenproben, um dieselben in der nächsten Stadt zu untersuchen; seine Resultate aber hat er mir verheimlicht! Ich will indessen nicht die Möglichkeit bestreiten, dass in *Persien* Gold oder andere wertvolle Metalle existieren.

Am 22. Dezember stiegen wir zum 7700 Fuß hohen *Harruz Passe* empor.

Am Mittag des 24. Dezember kamen wir in ein breites Tal, welches von einer riesigen Gebirgsmasse, deren Spitzen in Schnee gehüllt waren, umgeben war. Von Ferne sahen wir die unendlichen Häusermassen der Stadt *Kirman*. Die Strasse wurde immer besser und breiter, links und rechts lagen gutbestellte Felder.

Eine Viertelstunde vor dem Orte mündete unser Weg in eine Hauptstrasse, welche durch den Verkehr der kommenden und ziehenden Karawanen sehr belebt war. Bald hatten wir die ersten Häuser erreicht. Hatte ich mich schon vorher gewundert, dass diese Stadt nicht von einer hohen Mauer umgeben war, so stieg mein Erstaunen noch mehr, als ich sah, dass diese Häuser unbewohnt und halb zerfallen waren.

Eine halbe Stunde lang wanderten wir zwischen einem Gewirre teils zerfallener, teils gut erhaltener Lehmhäuser hindurch. Moscheen, welche einstens herrliche Gemälde und Stuckarbeiten aufwiesen – Werke eines strebsamen, geistreichen Volkes – bildeten nun, wo die persische Macht verfallen ist, nur noch Ruinen. Kein Mensch, kein lebendes Wesen wohnte mehr an der Stelle, an der einstmals die herrliche Stadt *Kirman* gelegen!

Der barbarische Herrscher Mahmud aus dem Stamme der Afghanen hat durch seine Grausamkeiten die Stadt zugrunde gerichtet. Er verlangte die 30 000 Augenpaare der Einwohner *Kirmans* auf Tabletts vor sich zu sehen. Etwa 3500 Weiber und Kinder wurden bei dieser Gelegenheit in die Sklaverei geschickt.

Kirman–Bombay

Die neue Stadt *Kirman* liegt mehr südwestlich und ist von hohen Mauern und Türmen umgeben. Als wir die Tore erreicht hatten, befanden wir uns gleich in einem regen Geschäftsleben. Die Hauptstrasse ist eine überdeckte Passage, welche die Stadt in ihrer ganzen Länge durchzieht.

Jedes Handwerk hat seine bestimmte Abteilung und so ist es sehr leicht, sich in dem großen Handelsverkehr zurecht zu finden. In der Mitte des Bazars befindet sich ein großes Rondell mit einer hohen Kuppel. Hier kreuzt ein anderer Bazar den ersten. In diesem drängten sich die Menschen zu Fuß und zu Pferd. Hier transportierte man Lasten auf Eseln und Kamelen, hier verkehrten die verschiedensten Völker in den buntesten Trachten und belebten von neuem unser Gemüt nach der einsamen, melancholischen Wüstenwanderung.

Durch die Wüstenwanderung, bei der wir die ganze Zeit unter freiem Himmel auf der Erde kampieren mussten sowie durch das Klettern in den Gebirgen hingen unsere Kleider gerade wie zerfetzte Kriegstrophäen an unseren Körpern. Nicht eine Handbreit war undurchlöchert und von den schönen grünen Anzügen mit den goldenen Achselstücken, in denen man uns überall für russische Offiziere gehalten hatte, war nichts mehr zu sehen.

Meine Gamaschen und Schuhe existierten nicht mehr. Vom Knie bis zur Sohle waren meine Beine unbedeckt. Meine Füße steckten in dünnen Ledersandalen und der Sand, der sich dazwischen setzte, erschwerte das Fortkommen. Unsere Hautfarbe war dunkelbraun; teils durch die Sonne, teils durch Schmutz. Das Schlimmste war für uns der Mangel an trinkbarem Wasser.

Wir gingen daher zuerst nach einer Karawanserei, flickten unsere Gewänder und machten uns heißes Wasser. Wir holten im Bazar Seife, die aber absolut keinen Schaum geben wollte und es kostete nicht geringe Mühe, uns in einen – in etwa – präsentablen Zustand zu versetzen.

Da wir einen Empfehlungsbrief an den hier wohnenden, englischen Konsul Captain Sykes, den einzigen Europäer in dieser Hauptstadt von *Kirman* und *Belutschistan*, besäßen, eilten wir, das Konsulat zu erreichen, welches im Süden vor der Stadt lag. An Gemüsegärten und Friedhöfen vorüber kamen wir an einigen kegelförmigen Kühlhäusern vorbei. In einem großen Garten lag das Gebäude des Konsuls. An der Eingangspforte des Konsulates standen 6 indische Soldaten in Gardeuniform, die in ihrer strammen, militärischen Haltung einen ganz vorzüglich anderen Eindruck machten, als die schlappen persischen Soldaten mit ihren schlotterigen Beinen, die mit offenen Augen schliefen.

Im Bureau wurden wir vom Sekretär des Konsuls, einem britisch-indischen Beamten empfangen, der uns sofort zu Captain Sykes führte, welcher uns in herzlichster Weise willkommen hieß! Zu unserer großen Freude erfuhren wir, dass die Schwester des Konsuls auch anwesend und der deutschen Sprache mächtig sei. Bei der ersten Begegnung mit dieser Dame fiel mir sofort die frappante Ähnlichkeit auf, die dieselbe mit einem Bilde hatte, welches ich in *Meschhed* in der illustrierten englischen Zeitung »Graphic« gesehen hatte. Das Bild trug den Titel: »Die Rose von Belutschistan«! Es war die Schwester des Konsuls, die durch ihr bezauberndes Äußeres und ihre anregende Unterhaltung uns bald all das Leid vergessen ließ, das uns seit dem Verlassen unserer Freunde in *Meschhed* widerfahren.

Es war der 24. Dezember, also Weihnachtsabend, als wir *Kirman* erreichten, und es hatte uns nicht wenig Mühe gekostet, diesen Termin einzuhalten. Gegen 6 Uhr nachmittags begaben wir uns zum Konsul, wo wir zum Diner eingeladen waren. Gegen 7 Uhr erschienen Seine Exzellenz Prince Farman Farma, der Generalgouverneur von *Kirman* und *Belutschistan*, der Kriegsminister von *Persien*, sowie sein Leibarzt Dr. Heyder Mirza, der in Paris studiert hatte.

Der Gouverneur, ein sehr gebildeter Mann, sprach ebenfalls französisch und hatte sehr gesunde Ansichten. Er schwärmte für Europa, obschon er sein Vaterland noch nie verlassen hatte. Bald begaben wir uns zu einer pompös gedeckten Tafel. Mir gegenüber saß der Generalgouverneur, zu meiner Rechten Lady Sykes, links von mir mein Kollege, ihm gegenüber der Doktor, dann folgten andere Offiziere und am Ende der Tafel saß der Konsul selbst.

Der Gouverneur interessierte sich sehr für uns und ließ sich den ganzen Abend – durch Vermittlung meiner Nachbarin – über unsere Reise erzählen. Er war aber gleichzeitig so neugierig, dass Lady Sykes ihn verschiedene Male darauf aufmerksam machte, dass solche Fragen gegen die Etikette seien. Bald dampften die Braten auf dem Tische, es sprudelte der Sekt und das erste »Hoch« galt dem Schah in Schah, dem König der Könige, dem Herrscher des Weltalls!

Alles verlief in gehobener Stimmung, nur eines fehlte, was ein Deutscher so ungern vermisst: Der schmucke Tannenbaum und seine Lichter! Zum erstenmal fern der Heimat, verbrachte ich das Weihnachtsfest in fremdem Lande. Oft schweiften an diesem Abend meine Gedanken zurück an die Stelle, wo meine Wiege stand: An die Ufer des Rheines!

Erst gegen 1 Uhr nachts verabschiedeten wir uns. Im Hofe standen gesattelte Pferde bereit, ebenso eine Abteilung berittener Soldaten. Der Gouverneur, der Doktor, die Offiziere, mein Kollege und ich stiegen in den Sattel und begleitet von der Eskorte trabten wir zum Palais des Gouverneurs, woselbst wir diese Nacht logierten.

Am nächsten Morgen kam seine Exzellenz, sowie einer seiner Generäle Hadji Fazl Ali Khan nebst einem Offizier, der einen photographischen Apparat bei sich führte, zu uns. Der Gouverneur gedachte sich mit uns aufnehmen zu lassen. Man setzte 3 Stühle zurecht. Auf dem mittleren platzierte sich Prince Farman Farma, rechts mein Kollege und links saß ich. Hinter uns standen der Arzt und der General. In kurzer Zeit waren wir auf die Platte gezaubert und hatten nun ein schö-

»Heine« Stupp nach der Wüstendurchquerung

*Stupp (rechts) mit Farman Farma (links)
und Dr. Heyder Mirza*

*Widmung von »Abdol Hossein
Prince Farman Farma«*

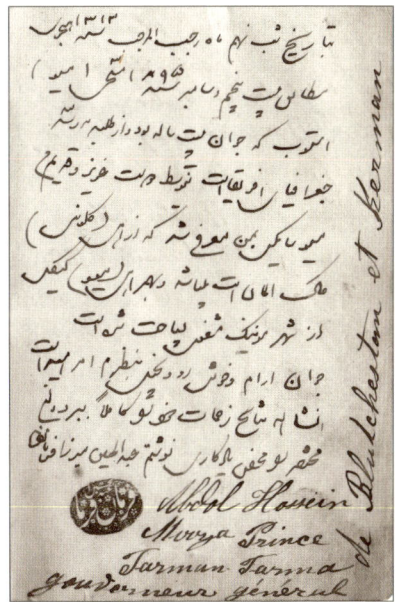

II. Asien

P. Sykes, Captain der Queen's Boys in Kirman

Widmungen vom Leibarzt des Prinzen, Dr. Heyder Miraz, und P. Sykes

Le plus grand plaisir que j'ai eu ce soir de Noel c'est de rencontrer Mer Stupp le compagnon de faiseur du chemin.

Der Heyder Mirza
le 25 decembre 1895
à Kerman
Perse

Mohamed Mehdi Chirazi — Kirman 28/12 95

(Serah vekil el molk)

Today I have had much pleasure in congratulating Herr Stupp upon reaching Kerman in good health after six months' travel. Next summer I hope to hear of the successful issue of his journey.

P. Molesworth Sykes
Captain Queen's Bays.
H.B.M's Consul Kerman
and Persian Beluchistan

Kerman
24.12.95

»Heine« in seiner selbst entworfenen Tropenuniform in Karatschi

nes Andenken an unseren Aufenthalt in der Hauptstadt *Zentralpersiens*.

Da die Tore *Kirmans* bei Sonnenuntergang geschlossen wurden und der Konsul außerhalb derselben wohnte, zogen wir es vor, das Anerbieten eines in der Stadt wohnenden vornehmen persischen Kaufmannes Mohamed Meedi anzunehmen und uns in dessen Wohnung häuslich niederzulassen. Dieser richtete uns ein schönes Zimmer her. Der Konsul sandte uns Tische, Stühle, Tassen, Cognac, Schokolade, Zucker, Tee, Konserven, Butter und zweimal am Tage einen berittenen Diener, der uns ein warmes Diner und Souper brachte, so dass wir bald wieder vollkommen »offee« waren.

Seine Exzellenz stellte uns eine Eskorte über die Schneepässe bis nach *Dosari* zur Verfügung sowie ein Befehlschreiben an seine Untertanen, worin es hieß, dass man uns in jedem Orte, in dem wir übernachteten, 20 Eier, 2 Hühner, Datteln, Brot und Wohnung frei zu verabreichen habe.

Wir verließen *Kirman*, nachdem wir von dem Konsul, seiner Schwester, dem Gouverneur und den Offizieren Abschied genommen hatten. Von der Eskorte begleitet, marschierten wir in Süd-West-Richtung einem Tale entlang nach der Stadt *Magan*. Nach einem strammen Marsche über *Pabene* und *Salbistan* und nachdem wir noch verschiedene mit Schnee bedeckte Gebirge passiert hatten, erreichten wir *Dasht-i-Kuh*, die Wüste der Berge.

In dieser Gegend war das Volk so arm, dass sie selbst nichts zu essen hatten. Sie wohnten nicht in Lehmhütten – diese hatten aufgehört zu existieren – sondern in braunen Filzzelten, deren Lehmböden unbedeckt waren und in deren Mitte sich eine Vertiefung als Feuerstelle befand.

Sacht Dar war der letzte Ort, ehe wir vom Gebirge hinab in das »gelobte Land«, in die Provinz *Dosari* gelangten. In diesem Tale sahen wir nach langer Zeit wieder Palmen; hier gedieh Reis, Weizen, Gerste und Mohn in Hülle und Fülle. Der gleichnamige Ort *Dosari* war bald erreicht. Der Gouverneur dortselbst, Abaschan Sarhäng, empfing uns sehr zuvorkommend. Er ließ uns ein Haus anweisen und stellte an dessen Türe 2 Militärposten, die stets bei unserem Ein- oder Austritt die Gewehre präsentierten.

Der Gouverneur sandte uns Cognac, Zuckerwaren und Mandeln. Auch unsere Leute der Eskorte wurden gut bewirtet. In der Nähe der Stadt befand sich ein großer Palmenwald. Hier lebten die Eingeborenen gerade wie die Zwerge des dunklen Erdteils in Gestrüpphöhlen. Einzelne hatten sich aus Palmblättern kleine Hütten gebaut, welche auf Pfählen ruhten und deren Boden 2 Meter über der Erde lag. Die Eingänge zu denselben waren kaum 70 Zentimeter hoch.

Die ganze Umgebung hatte einen unkultivierten Charakter; gestürzte Baumstämme lagen kreuz und quer, Schlingpflanzen und hohes Gras bedeckten die Erde. Hier lebte ein dunkelbrauner Menschenschlag, dessen Bekleidung nicht reichhaltiger ist, als diejenige Adams und Evas im Paradiese. Woher diese Völker stammten, war mir wegen meines nur kurzen Aufenthaltes nicht möglich zu ermitteln.

Die hohen Temperaturen waren kaum zu ertragen! Nachdem wir aus der Wüste der Berge hinabgestiegen waren, hatte die Hitze noch bedeutend zugenommen. Unser Gesundheitszustand war noch immer sehr gut. Als wir uns nach persischer Sitte, mit untergeschlagenen Beinen zum Essen niedersetzten, kam es soweit, dass der Gouverneur, der Priester und ich aus einem Teller speisten, denn auch Seine Exzellenz hatte schon des Guten zu viel getan.

Dann begab sich die ganze Gesellschaft in den Harem, in dem sich etwa 26 unverschleierte Schöne befanden, welche sich hier sehr frei bewegten; sich aber beim Anblick zweier Europäer scheu zurückzogen. Als sie merkten, dass wir ebenso zuvorkommend wie ihre Landsleute waren, wurden sie bald zutraulicher. Doch nach kurzer Zeit zogen wir es vor, uns zu entfernen. Der augenblicklich benebelte Besitzer dieser holden Weiblichkeit hätte uns am folgenden Tage sehr unangenehm werden können.

Von *Dosari* aus wandten wir uns nun nach Süden. Die mir als Eskorte mitgegebenen persischen Soldaten waren erbärmlich aussehende Gestalten verschiedensten Alters, Jünglinge und Greise. Schlecht gekleidet, schlecht genährt, schlecht bewaffnet, manche ohne Schuhe, denn die Gelder fließen meistens in die Taschen der Generäle. Und doch dienen diese Leute mit einer Unterwürfigkeit und einem Gehorsam, welcher Bewunderung verdient!

Unterwegs begegneten wir einer aus dem Westen kommenden Totenkarawane, welche sich nicht nur durch ihr eigentümliches Glockengeläute, sondern auch schon auf Hunderten von Schritten durch ihren unausstehlichen Aasgeruch zu erkennen gab! Es war ein unheimlicher Anblick: ca. 25–30 Särge auf Maultieren und Kamelen verladen. Manches Tier trug 3–4 Särge, schmale, aus rohen Brettern zusammengezimmerte Kästen.

Sie wanderten nach dem Heiligen Friedhof von *Imam Hussein*. Denn es gibt nichts Erhabeneres für den frommen Schiiten, als in dieser geweihten Stätte begraben zu werden! Durch ein ödes, kaltes Gebiet, in dem Belutschen ihre Hütten aufgeschlagen hatten, zog sich der Pfad. Landstrassen gab es keine in *Persien*. Man konnte schon froh sein, einen in etwa ausgetretenen Fußweg zu finden, der allerdings in den Gebirgen stets über Felsgeröll und in Wasserläufen entlang führte.

Je weiter wir in den Süden kamen, desto mehr nahm das Volk den Charakter eines Naturvolkes an. Die Lebensweise, der Bau des Körpers, die niedrigen Hütten aus Palmblättern und geflochtenen Matten (von 2 Metern Länge, 1,60 Meter Höhe und einem 0,80 Meter hohen Eingang) erinnerten mehr an einen zentralafrikanischen Volksstamm. Sie führten ein halbes Nomadenleben und wechselten ihre Wohnplätze je nach Jahreszeiten und Wasserverhältnissen.

Die Haupternährung bestand aus Reis und Gerste, welche dort gepflanzt wurden. Der Boden wurde zu diesem Zwecke mit den primitivsten Werkzeugen, einem winkeligen Holzgestell, an dem sich eine Eisenspitze befand, aufgeritzt. Dass wegen des großen Wassermangels der Reis nur spärlich gedeihen konnte, ist leicht erklärlich. Alles musste künstlich bewässert werden und mit diesen Bewässerungsanlagen hatten die Perser wirklich Erstaunliches geleistet.

Von Haustieren fand ich hier das Huhn, die Ziege, den Esel und eine Art Tragochse. Letzterer wurde hier mehr verwendet als der Esel. Kamele sah man hier sehr selten, nur sehr vereinzelte Karawanen passierten dieses Gebiet. Vielen dieser halbnomadischen Volksstämme, die ich traf, war das persische Geld sogar unbekannt; die meisten konnten weder Lesen noch Schreiben. Im übrigen war der Verkehr mit ihnen ein weit angenehmerer als mit den Schiiten!

In den Ebenen, durch die uns unser Marsch weiter führte, wurde unsere Nachtruhe oft durch das abscheuliche Geheule von Hunderten von Schakalen, welche nach Sonnenuntergang auf Beute ausgingen, gestört. Deren Nahrung bestand in den unzähligen Ratten, die diese Länder verseuchen. Hier fraß eine Ratte die andere und die Tiere waren so hungrig, dass sie uns eines Nachts sogar die Seife fortgefressen hatten, denn ich fand am anderen Morgen noch ein kleines Stückchen, in dem die Zähne einer Ratte abgebildet waren.

Wir überstiegen das *Beritz*-Gebirge, dessen Pass in 7700 Fuß Höhe lag. Hier trafen wir auf ein Wildschwein, das erste und letzte wilde Tier, das ich überhaupt in *Persien* gesehen, das bei unserem Annähern verdutzt stehenblieb, jedoch auf unsere Revolverschüsse hin schleunigst die Flucht ergriff.

Ein dichter Weidenbusch versperrte uns den Weg, und als wir in denselben etwa 100 Meter tief eingedrungen waren, standen wir vor einem breiten Wasser, dem *Halini*-Fluß, dessen Wasser der Karte zufolge in dem *Barian Humun* versiegte. Obschon es seit Monaten nicht geregnet hatte, war der Fluss mit seiner starken Strömung doch 1,50 Meter tief und musste mithin aus einer starken Quelle entspringen. Sein Wasser war hellgelb und ohne Salzgehalt.

Über die eigentliche Ausdehnung des *Barian Humuns* und über den Lauf des *Halini*-Flusses besaßen wir nur sehr mangelhafte Mitteilungen. Wir selbst hatten damals nicht die Zeit, der Sache näher auf den Grund zu gehen. Wir durchschwammen den Fluss, dessen Bett aus sehr weichem Sande bestand, und wanderten dann weiter nach *Khanu*, eine große Niederlassung, wo wir wiederum andere Volkstypen antrafen.

Die Hautfarbe der Leute war noch dunkler. Die glänzenden schwarzen Haare hingen bei beiden Geschlechtern bis zur Hüfte hinab. Hier sah ich einige Krieger, deren Haare mittels eines Tuches auf dem Kopfe zusammengehalten wurden. Ihre Bekleidung bestand in langen, sehr weiten Hosen und einer bunten, kurzen Jacke. Ihre Gesichtszüge verrieten mehr den arabischen Charakter, ihre Bewaffnung bestand aus langen Lanzen, runden Schildern und altmodischen Steinstoßgewehren. Nur eines fehlte ihnen: Das Pulver!!!

Von *Khanu* aus ging es direkt nach dem persischen Meere über das steil abfallende Küstengebirge nach *Benderabbas*. Majestätisch ragt hinter der Stadt der Berg *Djebet Bukum* bis zu etwa 3600 Metern empor. Der Ort selbst war auf gelbem Sand aufgebaut und bestand aus einer Masse unregelmäßiger Lehmhäuser. 10000 Einwohner sollte *Abbas* haben, doch scheint mir diese Zahl viel zu hoch! Durch den lebhaften Karawanenverkehr mit dem Innern von *Persien* und *Belutschistan* war im Bazar und am Hafen ein stets reges Leben.

Die Umgebung war ebenso trostlos wie der Ort selbst. Eine interessante Erscheinung war die »Parsen«-Sekte, mit Anhängern der altpersischen »Lehre des Zarathustra«. Die Frauen derselben trugen sehr geschmackvolle und bunte Gewänder, die Männer zeichneten sich durch ihre interessante Kopfbedeckung, die einer Mitra ähnlich sah, aus.

Von *Benderabbas* wandten wir uns von der Küste *Belutschistans* aus nach Osten. Infolge der Auswaschungen des horizontal geschichteten Mergels hatten sich in den Küstengebirgen die merkwürdigsten Formationen gebildet. Alles war ewiger Sand und kahle Felsmassen; und diese beiden Arten der Geologie hatten wir schon vollkommen genossen – und auch zu Genüge!

Wir waren froh, als wir *Indien* und die Stadt *Karatschie* erreichten! Am Ende einer langen, nach Süden ragenden Landzunge lag die Stadt, welche nach langer, langer Zeit für uns endlich wieder einmal einige Zeichen europäischer Kultur aufzuweisen hatte. Obschon es Januar war, machte sich die Hitze sehr bemerkbar und wir vertauschten unsere sonst so bequemen Filzhüte mit einem riesengroßen Korksonnenhelm, der etwa 3 Zentimeter dick war und dessen Rand 20 cm maß. Diese Schattenspender verliehen uns eine pilzartige Erscheinung und schützten uns mit ihren großen Rändern vor den sengenden Sonnenstrahlen.

Unsere defekte Garderobe vertauschten wir mit leichten Khakianzügen. So waren wir zu unserer Weiterreise aufs Beste ausgerüstet. Mit frischem Mut und neuer Begeisterung nahmen wir die Wanderung auf – quer durch Südasien!

Wir durchquerten die Halbinseln *Cutch* und *Cutcha* und gelangten über *Baroda* und *Surat* nach *Daman*. Im Februar 1896 trafen wir in *Bombay*, der großen Handelsstadt an der Westküste *Indiens*, ein. Die Stadt liegt am Südende einer sehr langen, fast flachen Halbinsel.

Als *Charles II.* dieses Land erwarb, hatte *Bombay* nur 10000 Einwohner, doch zählt es jetzt mehr denn 822000 Menschen.

Bombay–Darjeeling

Als wir die Strassen der Stadt durchschritten, waren wir verwundert, solch großartige und herrliche Prachtbauten zu finden. Vor allen zeichnete sich der Victoria Terminus aus, der schönste Bahnhof ganz Asiens. Seine Front, nach der *Homby Road* gelegen, misst 1500 Fuß. Er wurde 1882 dem Verkehr übergeben. Links vom Bahnhof befindet sich das Municipal-Gebäude, in gotisch-orientalischem Stil erbaut. In der Mitte der Fassade steht eine kolossale Steinfigur, eine allegorische Darstellung der Hauptstadt von *Indien*.

Im »Hotel Apollo« stiegen wir als Gäste eines zur Zeit dort weilenden Kaufmannes ab. Das Innere des Hotels war auf das bequemste ausgestattet, eine Unmenge von Dienern bewegte sich geschäftig hin und her. Nirgends habe ich ein Land gefunden, in dem so viele Diener existierten, als in Indien! »Boy« und »Saheb« (Diener und Herr) – diese beiden Worte hörte man von früh bis spät und selbst in der Nacht hatte der Boy keine Ruhe.

Für den Preis von 3 Anuas (35 Pfennig) bewegte ein »Pau Kah Walla« oder »Fächerschwinger« den ganzen Tag – oder die ganze Nacht – einen Wedel. Die dadurch herbeigeführten Bewegungen brachten im Zimmer ein sanftes Wehen hervor, welches den Bewohner desselben erfrischte. Wenige Europäer waren im Stande, ohne die wohltuende Wirkung eines »Pau Kah« nachts zu schlafen oder am Tage zu wachen.

Die geringste Unterbrechung des Pau Kah genügte, den Schläfer aufzuwecken und ihn zu überzeugen, dass der Pau Kah Walla eingenickt war. Ein verzeihlicher Ausbruch des Zornes entlud sich dann über das Haupt des Pflichtvergessenen – auch ein geschickter Schuhwurf versagte seine Wirkung nicht. Das Pau Kah schwang wieder hin und her und verbannte die sich fühlbar machenden Hitzebläschen. Erst dann war man wieder imstande weiter zu schlafen.

Bombay glich einer amerikanischen Stadt. Der bedeutende Verkehr auf den Strassen und die verschiedenartigsten Verkehrsmittel, von Ochsenkarren bis zu Pferdebahnen. Die Pferde trugen zum Schutze gegen die Sonne große Korkhelme auf dem Kopfe, die diesen Tieren ein drolliges Aussehen gaben. Man befand sich in einer ganz anderen Atmosphäre: Das Straßennetz bestand aus einer Reihe angenehmer Promenaden. Eine der schönsten Strassen *Bombays* war die mit doppelten Baumreihen bepflanzte *Esplanad Brad*.

Kaum eine Stadt in *Indien* war so reich an verschiedenartigen Volkstypen wie *Bombay*. Von den 822 000 Einwohnern waren 200 000 Mohammedaner, 50 000 Parsen und 12 000 Europäer. Man fand außerdem noch Araber, Perser, Belutschen, Afghanen, Neger aus Sansibar, Malaien und Chinesen.

In *Bombay* machten wir die Bekanntschaft eines deutsch-amerikanischen Großkaufmanns aus *New York*, der uns in liebenswürdigster Weise seinen Diener, einen Goanesen aus Portugiesisch-Indien, zur Verfügung stellte. Da diese

Leute fast ausnahmslos Englisch sprechen, findet man sie hier als Kellner, Diener und Führer in den Hotels und bei den Europäern.

Mit besonderem Interesse folgte ich einer Einladung zum Besuch der *Elefanteninsel* in der *Bombay*-Bucht und zu den sich dort befindlichen Felsentempeln. Als wir die Steinstufen, die zu dem größten Felsentempel hinaufführen, zur Hälfte erstiegen hatten, huschten plötzlich mehrere Cobraschlangen aus dem hohen Grase quer vor mir über die Treppenstufe und verschwanden auf der anderen Seite zwischen Büschen und Steinblöcken. Ein nicht geringer Schrecken war mir da in meine Glieder gefahren; umso mehr, als sich diese giftigen Reptilien direkt vor meinen Füssen – mit erhobenen Köpfen – vorüberschlängelten.

Unser indischer Diener übernahm daher den Vortritt. Als wir die vorletzte Stufe der Treppe erreicht hatten, lag in der brütenden Tropensonne wieder eine Brillenschlange, die bei unserer Annäherung erwachte – aber ein gut gezielter Schlag unseres Dieners mit einem starken Stocke zertrümmerte der Cobra das Kreuz, so dass sie angriffsunfähig war. Mit einem zweiten Hieb zerschmetterte er ihren Kopf!

So waren wir denn recht froh, unbehelligt das Innere der kühlen Steintempel, mit ihren gewaltigen Säulenreihen und hochinteressanten Steinbildwerken aus der Urgeschichte *Indiens* erreicht zu haben. Diese Darstellungen aus der Zeit des »Schiwas« und die in die enorme Felsenmasse des Berges hineingearbeiteten Säulen machten auf mich einen überwältigenden Eindruck, wozu wohl die wildromantische Umgebung noch besonders beitrug.

Nach *Bombay* zurückgekehrt, besuchten wir das Restaurant eines deutschen Landsmannes. An der Wand, über dem Tisch, an dem wir Platz genommen hatten, hing ein Bild unseres Kaisers, Wilhelm II., in Interimsrock und Pickelhaube. In unserer Gesellschaft befand sich auch unser Freund, der amerikanische Großkaufmann, welcher vor einigen Tagen aus Südafrika hier angekommen war.

Am Vormittag, so erzählte er uns, habe er mit der Stadt *Bombay* ein großes Geschäft abgeschlossen und für die Stadtverwaltung, für deren neue Straßenbeleuchtung 350 000 Glas-Glühstrümpfe bei der Firma Dr. Carl Auer/Berlin in Auftrag gegeben. Ja, der deutsche Handel errang von Tag zu Tag mehr Einfluss in Asien! Ich sah überall »Faber«-Bleistifte mit der Aufschrift »Deutsches Fabrikat« und kleine, runde Taschenspiegelchen mit Metalleinfassung. Die Rückseite zeigte das Bild der Königin von England. Darüber stand »Victoria – Queen of England« und darunter die Worte »Made in Germany«.

Wir unterhielten uns eben über die deutschen Interessen am persischen Golf, als zwei Engländer das Lokal betraten und an einem Nebentisch Platz nahmen. Plötzlich erblickte einer der beiden Herren das Bild unseres Kaisers über meinem Kopf. »Look at the old German emperor«, kam es spontan aus dem Munde des Engländers, »put him upside down!« Sofort sprang unser amerikanischer Freund auf und verbat sich ener-

II. Asien

Der »Victoria Terminus« in Bombay

Höhle auf der Elephanteninsel bei Bombay

Leichenverbrennung in Bombay

*Vikar ul Umza,
der Premierminister von Haiderabad*

»Umgeben von guten Feldern, Wiesen und Palmenhainen« – die Stadt Poona

In der Residenzstadt Haiderabad

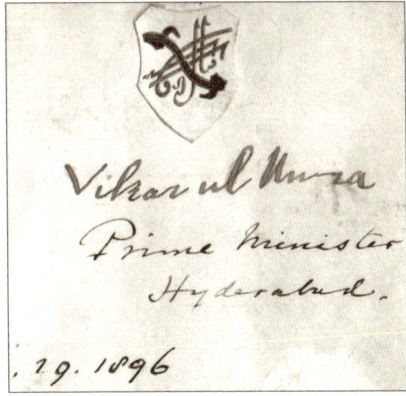

Unterschrift von Vikar ul Umza

gisch diese Beleidigung unseres Kaisers. Hieraufhin entschuldigte sich der Brite in höflichster Form mit dem Hinweis, dass er nicht gewusst habe, dass wir Deutsche seien, da er sonst diese Bemerkung nicht gemacht hätte. Er setzte aber sofort hinzu: »God damned, was geht Ihren Kaiser unsere südafrikanische Politik an. Wir verbitten uns dies!«

Es handelte sich da um das bekannte Glückwunsch-Telegramm vom 3. 1. 1896, der sogenannten »Krüger-Depesche« unseres Kaisers an den Burenpräsidenten Paulus Krüger nach dem gescheiterten Einfall »Jamesons« mit seinen 800 Reitern in *Transvaal* am 29. 12. 1895.

Bemerkenswert war ein Besuch auf *Malabar Hill*, einem kleinen Hügel bei *Bombay*. Hier befanden sich die »Türme des Schweigens«. Dies war der Leichenbestattungsplatz der Parsen, der Feueranbeter!

Eine schöne Promenade führte am Meer entlang zu dem »Tower of *Selanci*«. Die Mauern hatten eine Höhe von 25 Fuß und das Ganze einen Umfang von 276 Fuß. Vor diesen geheimnisvollen Mauern konnte man nicht ahnen, was hinter denselben vorging. Nichts ließ erkennen, dass dies die Stelle war, an der die Leichname von Geiern gefressen wurden. Diese Vögel saßen in der Nähe in den hohen Fächerpalmen wie versteinert, Kopf und Flügel eingezogen.

Ohne spezielle Erlaubnis durfte niemand diesen Turm betreten. Im Innern glich er einer Arena, die nach der Mitte hin sich trichterförmig senkt. Am Boden befanden sich im Kreise 3 Reihen von Grabstätten: Der äußere Ring diente für die Männer, der zweite für die Frauen, der innere für die Kinder. Leichname wurden ohne jede Bekleidung dort hingelegt, weil es in den Vorschriften der parsischen Religion hieß: Nackt gelangt der Mensch auf die irdische Welt, nackt soll er dieselbe verlassen! Sobald ein Leichnam hier abgelegt wurde, kamen die schon harrenden Geier und in der kurzen Zeit von etwa $1\frac{1}{2}$ Stunden war nichts mehr übrig als das Skelett. Dieses verfiel und verdorrte bald und wurde später in Gefäßen aufbewahrt.

Die »Hindu«, ein eingeborener Stamm, verbrannten ihre Toten und wir hatten Gelegenheit, mehreren Leichenverbrennungen beizuwohnen. Nach der Ansicht der Hindu ging die Seele in ein Tier oder in einen neugeborenen Menschen über, daher hatte der Leichnam als solcher für sie keinen Wert.

Am 13. Februar verließen wir *Bombay* und wandten uns nach Nordosten. Überall herrschte, soweit das Auge reichte, eine üppige, tropische Vegetation. Allmählich wurde die Landschaft armseliger. Unser Weg führte uns durch Wiesenland und Reisfelder. Vor uns sahen wir die Gebirgskette der »*West Ghats*«, denen wir uns näherten. Bei *Kalian* stieg der Weg in großen Windungen bergan, und wir kamen zu herrlich bewaldeten Abhängen. In den Kronen der Palmen wiegten sich Affen, welche bei unserem Annähern ein schreckliches Geschrei anstimmten. Dabei tanzten sie auf den Blättern auf und ab. Hoch über uns her führten die Geleise der »*Bombay*-Bahn«.

Nachdem wir »*Sanonli*«, einen schön gelegenen Ort, passiert hatten, wurde die

Strasse wieder besser. Die Sonne brannte heiß und wir freuten uns, wenn die Route durch schattige Haine von Tamarinden und Bananenbäumen führte. So weit das Auge reichte, dehnte sich das breite, gerade Band der schönen Strasse, welche weißlich blendend die Sonnenstrahlen zurückwarf.

Am Abend des zweiten Tages erreichten wir *Poona*. Diese Stadt war der Sitz des »Kommandanten der *Bombay*-Armee« und der »Ersten Magistratspersonen«. Zur Sommerzeit ist dieser Ort, seines günstigen Klimas wegen, der Sammelpunkt der Aristokratie Indiens. Die Stadt, mit ihren bemalten Häusern, belebten, engen Strassen mit steinernen Figuren, hat eine überaus herrliche Lage und ist umgeben von guten Feldern, Wiesen und Palmenhainen.

Im »Decean-Hotel« stiegen wir ab. Der Besitzer desselben war der Herausgeber der »Decean-Zeitung«. Am anderen Morgen befand sich daher ein ellenlanger Artikel in diesem Blatte: »On Foot Around The World«. Wir waren am folgenden Tage von vielen »sportsmen« belagert und wir hatten vollauf zu tun, die Neugierigen zu befriedigen – und all die hundert verschiedenen Drinks abzuschlagen, die sonst unseren Magen in eine Destillerie verwandelt hätten.

Poona ist reich an schönen Tempeln. Nachdem wir die Stadt verlassen hatten, überschritten wir die »Herold Brücke«, welche ganz aus Stein gebaut ist. Wir passierten mehrere Hindudörfer und armselige Hütten, in denen wir uns durch Milch etwas erfrischten. Das Terrain, durch das unser Weg jetzt führte, wurde wieder flacher und waldbewachsener. Alles um uns her lebte und webte. In der Luft summten und schwirrten geschäftige Insekten, besonders die Moskitos haben uns in *Indien* bös mitgespielt. Vögel schrien, pfiffen, zirpten und tanzten auf den dicht ineinander verwachsenen Zweigen. Frösche quakten grob und fein aus den sumpfigen Gefilden, und noch andere Töne klangen an unser Ohr, über deren Ursprung selbst ein gelehrter Naturforscher im Zweifel gewesen wäre. Am Abend erreichten wir *Diehsal*.

Wir schwitzten sehr stark, unsere Kleider tropften von Nässe und unser ausgetrockneter Körper verlangte stürmisch nach Löschung des brennenden Durstes. Am Morgen des folgenden Tages wanderten wir nach *Barsi Boas*. Auf der Strasse begegneten uns viele Fahrzeuge und Fußgänger. Die nächste Nacht verbrachten wir in der Hütte von Eingeborenen, aber an Schlaf war – der Moskitos wegen – nicht zu denken. Die Moskitos summten uns ununterbrochen um unsere Nasen und je mehr wir uns gegen dieselben wehrten, um so energischer unternahmen sie den Feldzug. Die Luft war drückend heiß und wir erhoben uns am anderen Morgen ungestärkt.

Kaum waren wir 3 Stunden marschiert, als sich in meinem Kopfe alles drehte – als wenn ich einen Rausch hätte – und mein Gaumen lechzte nach Kühlung, so dass ich am liebsten den ersten besten Teich am Wege ausgetrunken hätte. Mehr und mehr verdichtete sich das Gelände und wir kamen in Dschungel und Palmwaldungen. Dann wurde es lichter, der Boden felsiger und große Steinblöcke

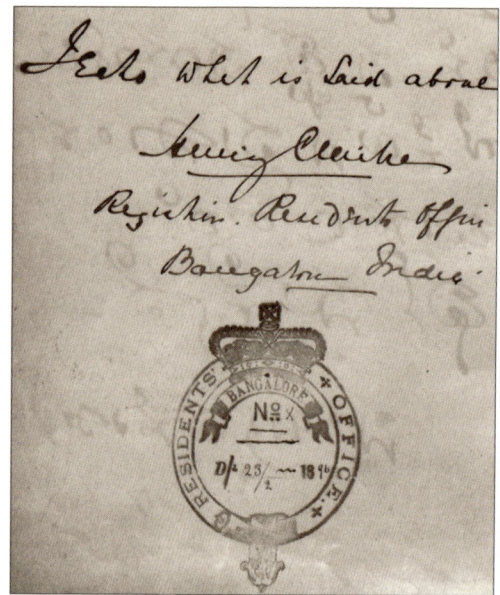

Henry Clarke – Residents Office in Bangalore

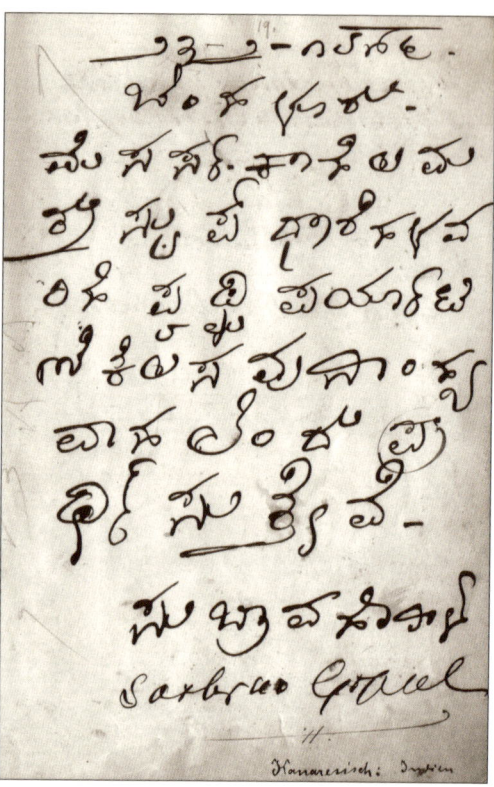

Kanaresisches Schriftstück aus Südindien

Tanzender Krischna und Schiwa aus Madras

Indischer Reisewagen in Madras

»Wien bleibt Wien« – Unterschriften
des Deutschen Konsuls und des Österr.-
Ungarischen Konsuls in Calcutta

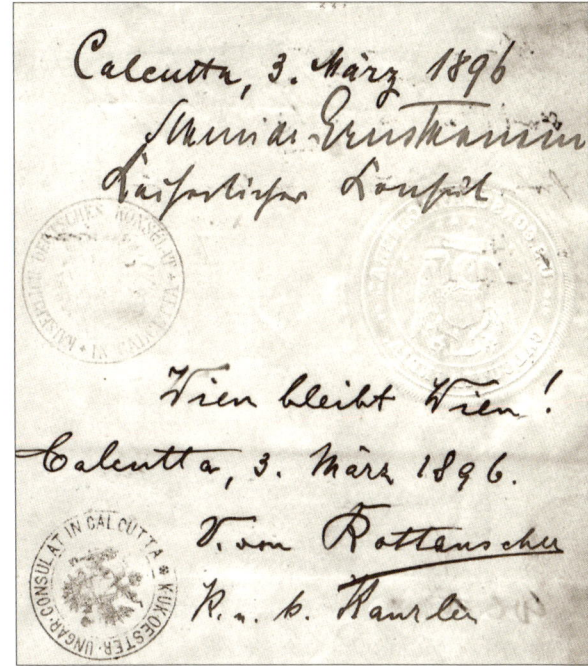

Dalhouse Square in Calcutta

lagen unregelmäßig zerstreut in den seltensten Formationen umher. Hier befanden wir uns in den berühmten Diamantfeldern. Soweit das Auge schaute, ein großes Gebiet sekundärer Sandsteinschichten.

Am 18. Februar erreichten wir *Secunderabad*, welches unweit der Residenzstadt liegt. Hier wohnten die Europäer, hier lagen die Hotels und die Kaufläden und die Gebäude der englischen Behörde. Alles ist mit schönen Gärten umgeben. Zu unserer Verwunderung fanden wir sogar ein »Panoptikum« dort, dessen Besitzer ein Rheinländer war. Er führte den Bewohnern Zentralindiens »die berüchtigsten Übeltäter Deutschlands« vor – keine besonders günstige Reklame für unser Vaterland.

Von *Secunderabad* begaben wir uns nach *Haidarabad*, um den Fürsten des Landes aufzusuchen. Der Fürst war jedoch nicht anwesend. Als wir das Palais des Premier-Ministers, des berühmten indischen Diplomaten »Vikar ul Umza«, besuchten, fanden wir selbigen zu Hause. Durch den Diener des Ministers ließen wir unsere Karte überbringen. Bald darauf wurden wir über weiße Marmortreppen in ein herrliches Prunkgemach geführt. Die Decken zierten allegorische Gemälde. An den Wänden hingen Bildnisse der früheren Regenten. Italienische, französische und deutsche Künstler haben an und in diesem Palais gearbeitet.

Seine Exzellenz, der Premier-Minister, der sehr gut englisch sprach, empfing uns in zuvorkommendster Weise. Wir erzählten von unserer Reise und über deren Gefahren, was ihn nicht wenig in Erstaunen setzte. Dann lud man uns ein, am Diner teilzunehmen, wozu auch viele vornehme Offiziere geladen waren. Zum Schlusse überreichte uns der Premier-Minister 1000 Rupien als eine Anerkennung für das gefahrvolle Unternehmen.

Von der Residenz *Nizams* marschierten wir nun in südlicher Richtung – über *Raichur* nach *Adoni*. Auf diesem Wege verirrten wir uns, gerieten in einen dichten Dschungelwald und waren gezwungen, einem schmalen Pfad nach Süden zu folgen. Bald hörte dieser auf und wir mussten uns mit unseren Faschinenmessern den Weg bahnen. Oft raschelte es im hohen Grase. Das waren Schlangen, die, durch unsere Schritte aufgeschreckt, schnell davon schossen.

»Wenn nur nicht die Kobra hier lebt,« sagte mein Freund, »sonst sind wir verloren. Diese Brillenschlange ist die gefährlichste und giftigste in ganz Indien!«

Jährlich sollten über 15 000 Menschen an derem Bisse sterben und es bedurfte daher aller Vorsicht, diese Dickichte und sumpfigen Grasländer zu durchwandern. Ich hatte mir aus einem gabelförmigen Baumaste ein Instrument zum Fangen von Brillenschlangen gefertigt und war auf der Suche nach solchen Exemplaren seitwärts in das dichte Unterholz eingedrungen. Da ich mir nur mühsam den Weg durch den Dschungel bahnen konnte, blieb ich weit zurück und konnte meinen Freund nicht mehr erreichen.

Allein, mit dem Kompass in der Hand, suchte ich mir einen Weg. Unterwegs hatte ich das Glück, von den 8 Kobraschlangen, die mir zu Gesicht kamen, eine zu erlegen, welche – anscheinend nach einem üppigen Mittagsmahl – in der Glut der Mittagssonne ihr Schläfchen hielt.

Endlich, gegen 7 Uhr abends, erreichte ich eine große Lichtung, auf der mehrere hohe Palmen standen. Plötzlich hörte ich ein Geräusch im hohen Grase und bald darauf sah ich etwas Schwarzes zu meiner Rechten sich auf 6 Meter Entfernung auf mich zubewegen. Ich blieb unwillkürlich stehen, meine Augen fest auf das gewisse Etwas gerichtet, da erkannte ich, kurz vor mir, die Gestalt eines schönen, schwarzen Bären. Das Tier blieb in diesem Moment auch stehen, starrte mich neugierig einige Sekunden an, schwenkte dann aber links ab ins Dickicht und entschwand meinen Blicken. Da ich außer einem Kosakenrevolver keine Schusswaffe bei mir trug, war ich froh, dass mich Freund Petz aus dieser unangenehmen Situation so gnädig erlöst hatte! Etwas Herzklopfen hatte sein plötzliches Erscheinen doch verursacht, aber man war langsam an derartige Zwischenfälle gewöhnt.

Am folgenden Vormittag traf ich meinen Kameraden in einer kleinen Niederlassung. Von hier ging es weiter südlich auf *Bangalore* zu. Die Sonne sank bereits dem Horizonte entgegen, als wir eine kleine Jagdhütte der Eingeborenen antrafen, in der wir uns entschlossen zu übernachten. Während Aurora aus ihrer stolzen Höhe herabstieg, begann es im Walde lebendig zu werden. Der Tag war wieder heiß gewesen und die Bewohner des Waldes kamen, um sich an der in unmittelbarer Nähe sich befindenden Tränke zu erfrischen.

Zunächst erschienen Vögel aller Art: Pfauen und Waldhühner kamen zum Vorschein. Zwei von ihnen führten mit gesträubten Federn einen heftigen Hahnenkampf aus. Alle Tiere näherten sich dem Wasser mit großer Vorsicht – oft stehenbleibend und nach allen Seiten sichernd. Sicherlich hatten sie uns schon gewittert. Zur Linken zeigte sich bereits der Mond, als wir uns zur Ruhe legten.

Plötzlich wurden wir durch lautes Brüllen aufgeweckt. Rings um uns wurde es lebendig, Vögel flatterten auf und schreiend huschten Wasserhühner vorüber. Ich ahnte eine nahende Gefahr. So schnell wir konnten, erkletterten wir je eine der hohen Palmen. Wir hatten kaum die Kronen derselben erreicht, als es im Unterholz knisterte. Da sah ich schon die schön gezeichnete Bestie aus dem Dschungel schreiten. Spähend und behutsam sichernd kam eine Tigerin über die Lichtung auf uns zu. Direkt hinter ihr trollten drei allerliebste junge Tierchen.

Krampfhaft umfasste meine Rechte den Revolver. Mein Atem schien zu stocken, als ein markerschütterndes Brüllen die Luft durchdröhnte. Nachdem die Tigerin und ihre Jungen sich in unserer Lagerstätte umgesehen und unser Gepäck in ein heilloses Chaos verwandelt hatten, schritten sie majestätisch der Tränke zu, uns keines Blickes mehr würdigend. Niemals werden wir diese $5\frac{1}{2}$ Stunden vergessen, die wir – am ganzen Körper bebend – oben in den zackigen, stechenden Palmblättern zugebracht haben.

Erst bei Sonnenaufgang wagten wir uns aus dieser verzweifelten Lage hinab und nachdem wir die Reste unseres Gepäcks

Calcutta: Dschaina-Tempel mit Garten

Mit allem Komfort – das »Grand Hotel«

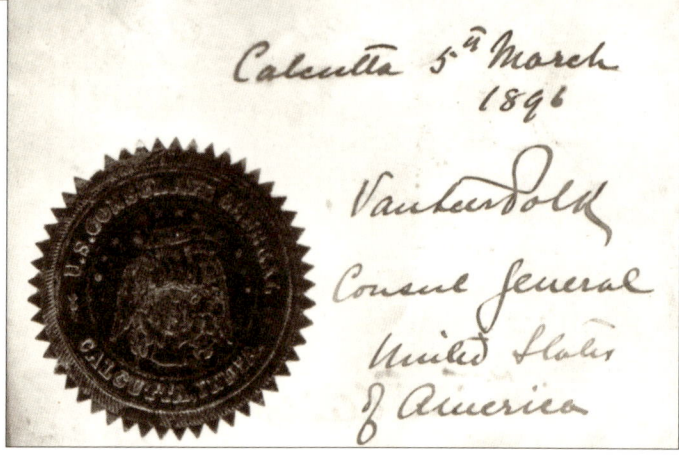

Unterschrift des Generalkonsuls der Vereinigten Staaten in Calcutta

Badende Pilger am Ganges

Buddhafigur in Calcutta

Reiseaufzug eines hohen indischen Beamten

gesammelt hatten, arbeiteten wir uns behutsam weiter durch die Dschungel auf *Bangalore* im Staate *Maisur* zu.

Allmählich nahm das Dickicht ab, wir kamen in offenes Grasland. Vor uns stiegen die Ausläufer der »Nadel-Gebirge« auf. Wir waren im Reiche des Elefanten! In den Schluchten sahen wir ganze Rudel, die jedoch bei unserer Annäherung die Flucht ergriffen. Der Elefant ist sehr scheu und lebt in Indien meist in Rudeln von 6–7 Stück und nur der alte, einsam wandernde Elefant, der in Ehezwist lebt, greift auch den Menschen an.

Auf dem Wege nach *Bangalore* begegneten wir mehreren »Buddhistischen Wallfahrten«. Voraus trug man ein großes Gebetrad, welches sich im Winde drehte. Die frommen Pilger murmelten ihr: »Om manipadme hum«. Die Pilger sprachen dies Gebet, indem sie einen Rosenkranz von 120 Kügelchen abbeteten – immer nur die selben Sätze von vorne beginnend.

Jedermann in Asien kannte dies Gebet wie wir unser »Vater unser ...«. Das Kind lernte es stammeln, die Lippen des Tote hauchten es, der Wanderer murmelte es auf dem Wege, der Schäfer bei der Herde! In menschliche Schädel fand man es eingegraben und in Gebetmaschinen drehte sich Tag und Nacht – ohne Unterbrechung und endlos – der heilige Spruch: »Om manipadme hum ...«

Von *Maisur* aus wandten wir uns in östliche Richtung und passierten viele schöne Palmenhaine, in denen wir unter anderem ein Naturwunder sahen: Einen Palmenstamm, aus dem 13 andere Palmen heraus wuchsen. In dem hohen Grase huschten viele Schlangen – darunter die giftige Kobra. Auch der Mungo lebte in diesen Gebieten. Bekanntlich ist derselbe der größte Feind der Brillenschlange; er ist das einzigste lebende Wesen, welches gegen die giftigen Bisse dieser Schlangen unempfindlich ist. Um nun aber den Mungo unschädlich machen zu können, wickelt sich die Schlange beim Angriff um dessen Körper, um ihn zu erdrücken.

Brillenschlangen-Zähmungen sind bekannt: Alle Schlangen behalten ihre Giftzähne, nur die Giftdrüse wird entleert. Der Einfluss, welchen das monotone Gepfeife – auf einer misstönenden Klarinette – auf die Schlangen bei ihrer Bezähmung ausübt, tritt bei jeder Produktion deutlich zu Tage: Kaum beginnt der Gaukler, so hebt die Schlange wie elektrisiert ihren schmalen Kopf, bläst den Hals flach auf und lauscht den Klängen, wobei sie den Kopf pfeilschnell nach allen Seiten wirft.

Unser Marsch durch die Wildnisse dieses tropischen Landes, unser Verkehr mit diesen stets wechselnden fremden Völkern, Sitten und Sprachen, war unglaublich schwer und anstrengend. Man hat kaum einen Begriff von den Unannehmlichkeiten, die einem Fußreisenden in diesen Gebieten – in den unendlichen Waldungen und den gefährlichen Dickichten – entgegentraten. Dabei eine so enorme Temperatur, bei der die geistigen und körperlichen Kräfte der Menschen auch ohne Anstrengungen ausgesaugt werden.

Nachdem wir die Ost-*Ghats* überstiegen hatten, erreichten wir *Madras*, einen Hafen an der Ostküste *Indiens*. In *Madras* fanden wir zu unserer größten Überraschung und Freude eine Depesche unseres Freundes Thoerner, den wir bekanntlich in *Bukarest* krank zurücklassen mussten. Unser Kollege befand sich in *Muschedabad*, nördlich von *Calcutta*, bei einem indischen Fürsten, dessen Söhne wir bereits in *Belgrad* im »Grand Hotel« kennengelernt hatten.

Gleichzeitig teilte uns Thoerner mit, dass er wiederum krank sei und bat uns, sofort nach *Calcutta* zu kommen. Wir setzten alle Hebel in Bewegung, um in Madras zwei Plätze für eine Überfahrt mit dem Dampfer durch den Bai von Bengalen nach Calcutta zu bekommen. Am 3. März erreichten wir wohlbehalten die Hafenstadt und begaben uns dortselbst zum »Hotel Continental«, doch Thoerner war noch nicht eingetroffen. Er kam erst am folgenden Morgen. Als wir im Hotel mit der Ausarbeitung unserer Routen beschäftigt waren, traf Fred Thoerner ein. Unsere Freude war groß: Nun war das Kleeblatt wieder vollständig! Unser Kollege hatte sich von *Bukarest* nach *Ägypten* und von *Suez* aus per Schiff nach *Calcutta* begeben.

Wir entwarfen nun Pläne zur Wanderung nach dem *Himalaja*, der Wohnung des ewigen Schnees, und nach Tibet, der Wiege aller Religionen. Wir wanderten nun in nördlicher Richtung nach *Bengal*. Die Temperatur hatte nun ein bedeutendes zugenommen und erschwerte das Fortkommen, so dass wir gezwungen waren, in der Nacht zu marschieren, um tagsüber im Schatten zu logieren. Koegel klagte über heftige Kopfschmerzen und große Schwäche.

Die hier lebenden Völker, die Bengalen, zeichnen sich durch Schlauheit und Scharfsinn aus. Ihre Religion ist die »brahmanistische« und im Norden die »buddhistische«. Unzählige Niederlassungen zeugen von der Dichtigkeit der Bevölkerung, welche an manchen Stellen die dichteste der ganzen Erde ist. Eine Menge wilder Tiere lebte in den Dickichten und Rohrsümpfen der ausgedehnten Flussysteme und im Delta des *Ganges* und des *Brahmaputra*.

Bald erreichten wir *Padoraha* und *Siliguri*. Letztgenannter Ort liegt am Fuße des *Himalaja*. Wir befanden uns in jener Region, welche sich in wechselnder Breite von 10 bis 15 englischen Meilen als außerordentlich vegetationsreicher und fruchtbarer Gürtel um den Südfuß des *Himalaja* schließt und durch seine gefährlichen Dschungelfieber und Miasmen als eines der ungesündesten Gebiete der Erde gefürchtet wird.

Der ganze Gebirgskamm lag in dichten Nebel gehüllt. Der Weg stieg bergan und wir passierten große, ausgedehnte Teeplantagen. Gegen Mittag erreichten wir eine freie Stelle. Der Nebel hatte sich gelegt und wir genossen einen herrlichen Überblick auf die zu unseren Füssen liegenden endlosen Waldungen, in denen viele wilde Tiere hausten, unter denen der Tiger der unumschränkte Gebieter und Herrscher ist.

Weiter ging es auf einer Strasse, auf der eine Schmalspurbahn am Südabhange der Gebirgskette bis zu 2200 Metern hinauf führt. In großen Windungen, oft an jähen Abhängen vorüber, dann über hohe Brücken und durch Tunnels führte das Geleise nach *Darjeeling*. Manche Stellen waren so steil, dass sich das Geleise – gleich einer Spiralfeder – 3- bis 4-mal im Kreise selbst passierte. Am 13. März erreichten wir *Darjeeling*, 2184 Meter über dem Meere. Der Ort hatte eine Temperatur von 12,5 Grad Celsius und bestand aus vielen reizenden Villen, im Stile englischer Landhäuser.

Darjeeling–Hong Kong

Von hier aus überblickten wir ein Panorama, welches auf der ganzen Erde seinesgleichen suchen dürfte. In der Mitte erhob sich doppelzackig der dritthöchste Berg der Erde: *Kantschindschanga* – 28 000 Fuß oder 9330 Meter hoch – dessen Spitze noch von keinem Menschen betreten wurde und auch kein Aar je zu erreichen vermag! Die Völker, die dieses Gebiet bewohnten, waren die »Lepscha«, ein tibetanischer Volksstamm, etwa 15 000 Köpfe stark. Sie waren von unschönem Körperbau und beschmierten ihr langes Haar mit Fett und ihre Gesichter mit Blut.

Unsere Route lag von hier aus nördlich, über *Sikkim* nach *Tibet*. Trotz größter Bemühungen, trotz zahlreicher Empfehlungsschreiben gelang es uns nicht, von der englischen Behörde die Erlaubnis zu erhalten, nach *Tibet* hinein marschieren zu dürfen. Wir versuchten, uns den Einmarsch zu erzwingen, wurden aber bereits nach zwei Tagen durch eine Patrouille zum Rückmarsch genötigt. So sahen wir uns gezwungen, nach Süd-*Bengal* zurückzukehren. Über Chittagong marschierten wir in das Gebiet von Arakan, das sich längs dem *Golfe von Bengal* zum Meerbusen von *Martaban* erstreckt und 1826 von den Engländern erworben wurde. Das Gebiet war dicht bewaldet und das Überschreiten zahlreicher Bäche erschwerte das Fortkommen. Der Verkehr mit den hier wohnenden »Rakhaing«, einem aus *Tibet* eingewanderten Völkerstamm, war sehr mühsam. Die Dörfer waren ärmlich, wie das Volk selbst.

Die großen Waldungen waren reich an edlen Holzarten. Die Stämme wurden durch Flösse den *Irawadi* abwärts gebracht und zur Zeit der Ebbe aus großen Teichen aufgefischt und durch gezähmte und abgerichtete Elefanten in geschickter Weise transportiert und sortiert.

Über *Akab* erreichten wir *Rangoon*, die Haupthafenstadt *Birmas*, am linken Ufer des gleichnamigen Flüsschens. Die Häuser der Stadt waren im allgemeinen aus Holz gebaut und mit Ziegeln oder Wellblech gedeckt. Europäische Kaufhallen, Warenlager, eingeborene Bazare und chinesische Läden zeugten von einer großen Geschäftigkeit. Dampfbahnen, Fuhrwerke in großer Zahl und eine dichte, lebhafte und arbeitsame Menge vervollständigten das Bild reger Handelstätigkeiten.

Die Tracht der Birmanesen und Birmanesinnen war fast die gleiche: ein rotes oder buntes Lendentuch, eine blendend weiße Jacke und um den Kopf ein Tuch geschlungen, an dessen Stelle das weibliche Geschlecht eine kokette, hohe Frisur mit Blumenschmuck trug. Die Chinesen trugen weite Röcke, weite lange Hosen und einen europäischen, runden Filzhut über ihrem Zopfe. Schwarzbraune Inder in den buntesten Trachten drängten sich dazwischen. Malaiien und Europäer vervollständigten die Bevölkerung.

Die Verheiratung fand bei den Männern meist im Alter zwischen 19–24 Jahren statt, bei den Mädchen von 14 Jahren an aufwärts. Doch konnte eine Ehe nur mit der Einwilligung der Eltern stattfinden. Eine gegen deren Willen geschlosse-

II. Asien

Postbeförderung mit Kamel

Die Schmalspurbahn von Calcutta nach Darjeeling

Im Stil englischer Landhäuser – Darjeeling, 2184 Meter über dem Meer

Standesgemäß untergebracht im »Grand Hotel« in Darjeeling

Postbeförderung mit Elephanten

»Meeting at Darjeeling«: Thoerner, Koegel und Stupp (rechts)

Schwe-Dagan-Pagode in Rangoon

Gast der »British Burma Press«

Stupp hoch zu Ross in Rangoon (2. v. r.)

Arbeitselephanten in Rangoon

Widmung des Sekretärs des »Deutschen Clubs« in Rangoon, A. Schweitzer

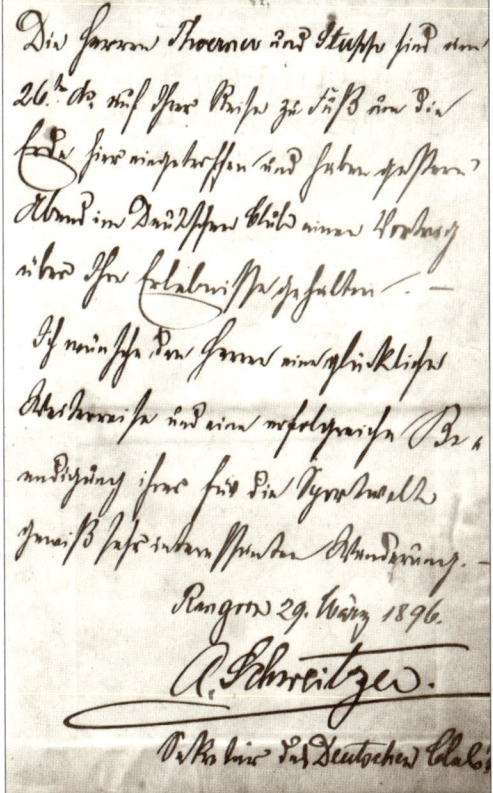

Penang –
»Consular Agency of the
United States of America«

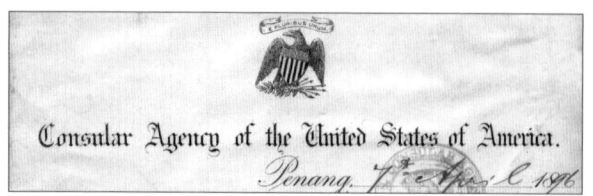

Die Küste bei Penang

Wappen von Singapore

Der Bootshafen von Singapore

Unterschriften des amerikanischen und des niederländischen Generalkonsuls in Singapore

E. Spencer Pratt
U.S. Consul General
Singapore.

With every wish for a further
pleasant journey.

Singapore. 11 april 1896

H.N. M's Consul general

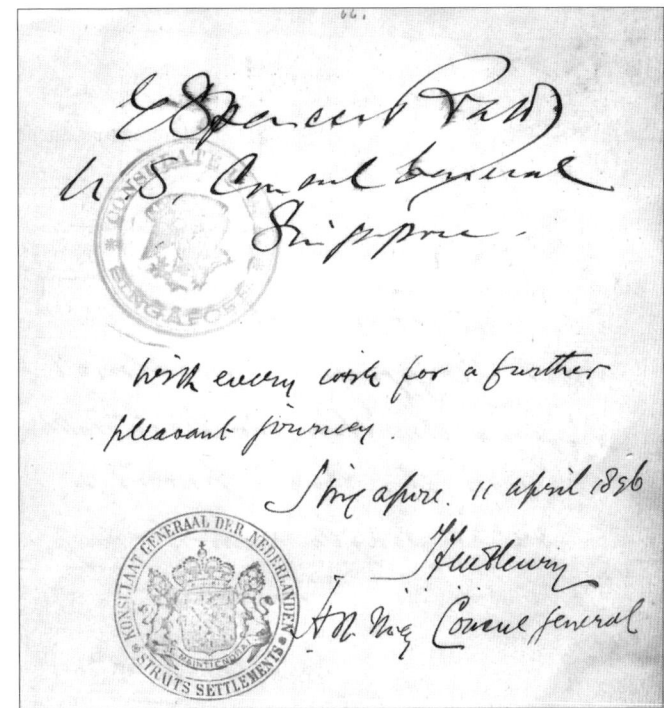

Der Hafen von Canton

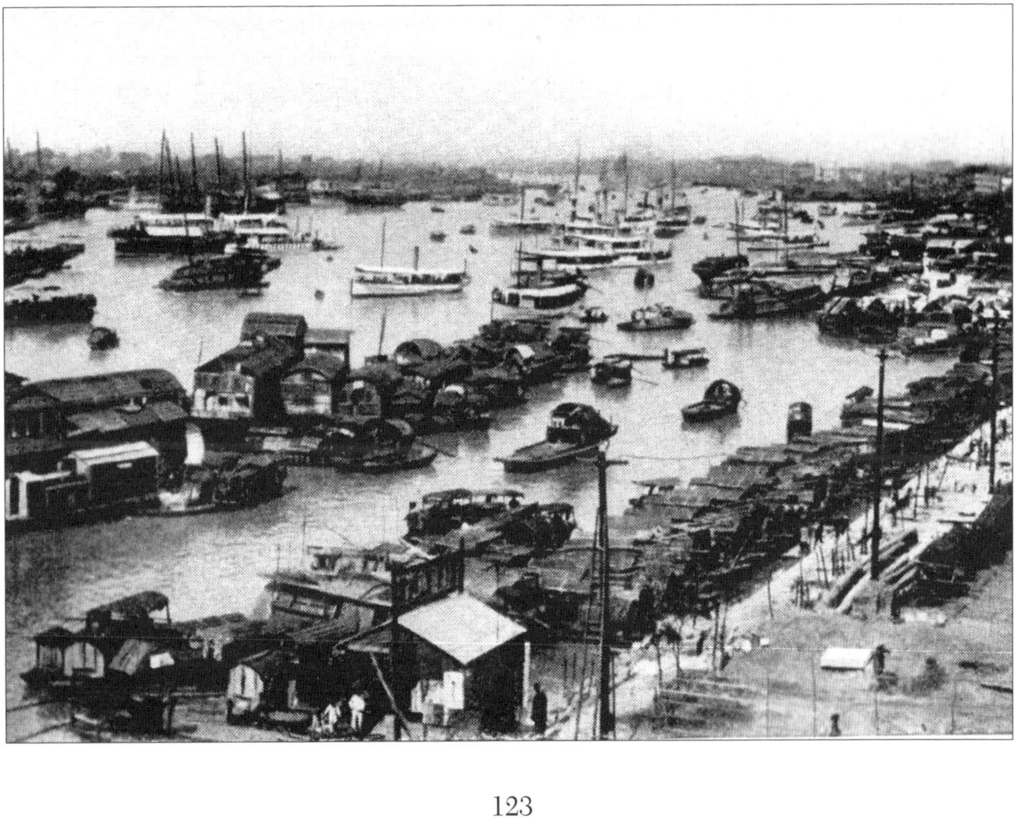

ne Ehe konnte auch dann noch gelöst werden, wenn derselben schon mehrere Kinder entsprossen waren.

Das Sehenswerteste in *Rangoon* waren die großen »Pagodas«, darunter die schöne »*Shwe-Dagan-Pagode*«. Zwei 12 Meter hohe Ungetüme, in sitzender Stellung aus Mörtelkalk, standen zu beiden Seiten des gedeckten Stiegenaufganges. Rechts und links befanden sich Hütten zur Unterkunft der Pilger. Auf den Wänden der Treppenhäuser hatten sich birmanesische Freskomaler verewigt. Die Höhe des ganzen Tempels betrug 100 Meter. Der obere Teil der Pagode war solid vergoldet. Kleine Glöckchen hingen rund herum, welche – vom Winde bewegt – läuteten. Auf der Plattform standen reich verzierte »Stuppas«, kleine Holztempel und Statuen von Elefanten und Göttern. Dazwischen drängten sich Priester, Pilger und spielende Kinder. Das Gesamtbild machte einen erhabenen Eindruck.

Das abendliche Leben in den Strassen mit den hellerleuchteten Geschäftsläden war sehr interessant. Einheimische und europäische Waren, englische und deutsche Fabrikate sah ich hier. Vieles trug den Stempel »Made in Germany«. Sogar ein kleiner Taschenspiegel, den ich mir kaufte, zeigte auf der Rückseite das Bild der »Königin von England« und unter dem Bilde las ich »Made in Germany«. Während unseres Aufenthaltes in *Rangoon* waren wir Gäste des »Sakies Hotel«. Auch im »Deutschen Club«, dessen Vorsitzender Konsul Eggenau war, fanden wir eine vorzügliche Aufnahme. Das Deutschtum in *Rangoon* ist ein ausgezeichnetes und unsere Landsleute dortselbst sind deutsch mit Leib und Seele. Viele Deutsche sind Besitzer größerer Reismühlen. Der Reis ist der Hauptausfuhrartikel *Birmas* und beläuft sich bis zu 100 Millionen Mark.

Alle Versuche von Nordost-*Indien* und *Birma* aus in *China* einzudringen, scheiterten an dem Widerstand der britisch-indischen Regierung, die in uns sogar, da wir mit so ausgezeichneten russischen Empfehlungspapieren versehen waren, russische Spione vermutete. Auch hatten wir keine Zeit, auf die notwendigen Erlaubnispapiere und Pässe der chinesischen Behörde länger zu warten, weil unser spezielles Programm eine größere Verzögerung nicht erlaubte.

Wir begaben uns daher zunächst nach *Penang* und der Hauptstadt *Georgetown*. Als wir die Stadt betraten, wurden wir von einer großen Schar leichter, zweirädriger Wagen, »Rikscha« genannt, umzingelt. Dieselben wurden von schnellfüßigen, leichtgekleideten Kulis gezogen. Wir bestiegen je eins dieser ostasiatischen Verkehrsmittel und in schnellem und ausdauerndem Laufe ging es durch die Stadt zum »Oriental Hotel«, welches – dicht am Meerbusen gelegen und mit seiner reizenden Umgebung – sehr an die italienische Küste der Riviera erinnerte.

Penang war – der Mehrzahl der Einwohner nach – eine chinesische Stadt, darum waren auch die Überschriften an den Magazinen und Warenhäusern zumeist in chinesischen Schriftzeichen verfasst. Die Chinesen hatten den ganzen Kleinhandel an sich gerissen und dieselben hatten sogar Schiffe der Kölner Seedampfschiffahrts-Gesellschaft geschlachtet. Der Handel von *Penang* war nicht sehr bedeutend. Kleine Boote von den *Malaga-* und *Sumatra*-Inseln brachten ihre Erzeugnisse nach hier und nahmen dagegen europäische Waren ab.

Im übrigen war die Bevölkerung *Penangs* sehr gemischt. Die Eingeborenen waren *Malaiien* mit abgefeilten – durch Betel kauen – rot gefärbten Zähnen. Die Trachten der Malaiien waren fast dieselben wie die der Birmanesen. Nur die Kopfbedeckungen waren zylinderförmige Samtkappen mit Goldstickerei. Unter den malaiischen Frauen gibt es viele Schönheiten.

Am folgenden Tage besuchten wir das Institut der Töchterschule, ein französisches Kloster, wo wir in herzlichster Weise von der Schwester »Theotino« empfangen wurden. Man zeigte uns die einzelnen Klassen, in denen Mädchen der verschiedensten Nationen versammelt waren. Beim Abschied beschenkte man uns mit schön gearbeiteten Schnitzereien und Stickarbeiten. Gegen Mittag brannte die Sonne sengend heiß. Kein Schatten war auf den Strassen zu sehen, da wegen der Nähe des Äquators die Sonne fast senkrecht steht.

Der Weg von *Penang* nach *Singapore* führte längs der Strasse von *Malakka* nach der Südspitze der malaysischen Halbinsel *Straitsettlement*. Die Straßenniederlassung liegt in der Nähe des Äquators und wurde im Jahre 1819 von den Engländern erworben. Damals war *Singapore* noch wüst und mit Dschungeln bedeckt, die den Piraten gute Schlupfwinkel boten. Es war bereits dunkel, als wir die Stadt erreichten, zwei Rikschas bestiegen und im Galopp durch die Stadt, an hell erleuchteten Läden, großen Steingebäuden und schönen Anlagen vorbei, zum »Hotel Raphaels« gelangten.

Der Besitzer, ein Armenier namens Sakies, hieß uns in gastfreundlichster Weise willkommen und nachdem wir unsere etwas primitive Toilette erledigt hatten, führte uns derselbe in den hell erleuchteten, elegant ausgestatteten Speisesaal, in dem die Engländer in schwarzen Fräcken oder schneeweißen Tropenkostümen und elegant gekleidete Damen beim Diner saßen. Alles schaute erstaunt auf, als wir in unseren abgenützten Touristenkostümen uns an der weiß gedeckten Tafel niederließen.

Auch die »Boys« (die ja alle Gäste nach der Kleidung und der Menge ihres Gepäcks beurteilen), die uns bedienen sollten, verschmähten es in der Vorahnung eines schlechten Trinkgeldes uns zu bedienen. Am nächsten Tage besuchten wir den deutschen und den amerikanischen Konsul und begaben uns sodann zum chinesischen Viertel. Dort herrschte ein bedeutender Verkehr und die Söhne des Reichs der Mitte waren in großer Anzahl vertreten.

In den öffentlichen Werkstätten und den großen Bazars, einstöckige Häuser mit offenen Hallen im Untergeschoss, fand eine rege Handelstätigkeit statt. In *Singapore* lebte eine Vielzahl süd-asiatischer Nationalitäten. Auch die Hindus waren stark vertreten – mit einem sehr schönen Tempel. Die Strassen des europäischen Stadtteils waren stets sehr trocken und staubig und alle Tage fuhren die städtischen Berieselungskarren durch das europäische Viertel. Die Stadt hat herrliche Gärten mit den schönsten tropischen Pflanzen aufzuweisen – besonders prachtvolle Exemplare von Bambusbüschen sah ich dortselbst. Die Umgebung *Singapores* war sehr malerisch. Die Landschaften längs der Meeresküste bildeten viele anziehende und angenehme Aufenthaltsorte, einer derselben war *Montpalmer*.

Im Innern des Landes lebten die Malaiien in Strohhütten, die auf Pfeilern ruhen. Gedeckt waren dieselben mit »Atap«, dem Laub der Nipapalme, und mit Matten. Der Charakter der Leute ist sehr verschlossen, unnachsichtig und hart gegen die Untergebenen. Sie waren aber ausgezeichnete Handwerker sowie Seeräuber von Fleisch und Blut. Die Malaien kauften ihre Frauen und konnten selbige wieder verkaufen, oder nach ihrem Tode vererben. Sang und Spiel waren bei ihnen sehr beliebt. Viele Malaiinnen waren mit holländischem Blute gemischt, da die Holländer sich schon vor geraumer Zeit in diesen Gebieten ansiedelten.

Von *Singapore* aus wandten wir uns nach dem Innern von *Siam* und *Indochina*. Im Tale des *Mekong* trafen wir auf einen wilden, gänzlich unzivilisierten Volksstamm. Über *Hanoi* und *Lientschon* erreichten wir den »*Gelben Fluß*«, der im Süden *Chinas* – von West nach Ost fließend – die Hauptstadt *Canton* passiert und bei *Macao* in die chinesische Südsee mündeten. Diesen Strome abwärts wandernd gelangten wir nach *Canton*, von wo wir am 21. April 1896 nach *Victoria*, der Hauptstadt der englischen Insel *Hong Kong* übersetzten.

Hongkong–Jokohama

Die Stadt liegt am Fuße des *Victoria-Berges* und erhebt sich »amphitheatralisch« an dessen Fuße. Die weißen Häusermassen und das schöne Grün, welches rundherum die Insel bedeckte, boten dem Auge einen angenehmen Anblick. Zuerst betraten wir das europäische Stadtviertel, welches uns nicht im Geringsten verriet, dass wir uns nun in China befanden. Die beiden Hauptstrassen liefen längs des Hafens, wogegen die anderen Gassen terrassenförmig am Bergabhange aufstiegen. Aus diesem Grunde sah man in *Hong Kong* sehr wenige Wagen, desto mehr Tragsessel, die aus Bambus gefertigt waren und von 2 Kulis getragen wurden. In den unteren Stadtteilen war ein leichtes, zweirädriges Fahrzeug, die »Rikscha«, das vorwiegende Verkehrsmittel.

China ist der volkreichste Staat der Erde und zählte etwa 400 Millionen Einwohner. Die Küstengebiete waren am dichtesten bevölkert und ein großer Teil der Chinesen lebte auf Schiffen oder auf Flössen. Im übrigen waren die Häuser einstöckig und teils aus ungebrannten Ziegelsteinen, teils aus Brettern, Lehm und Flechtwerk gebaut. An Stelle des Glases bedeckte Papier die Fensteröffnungen, wodurch in den Stuben stets ein Dämmerlicht herrschte.

Das Familienleben in *China* zeigte die Grundzüge der Geselligkeit: Der Hausvater war unumschränkter Hausherr, war aber nichts destoweniger verantwortlich für seine Familienmitglieder und wurde bestraft, wenn selbige sich eines Verbrechens schuldig gemacht hatten. Das weibliche Geschlecht erhielt eine sehr schlechte Erziehung, die wenigsten Mädchen konnten lesen und schreiben. Die Chinesen heirateten sehr früh. Ja, es gab Beispiele, dass wenige Tage alte Mädchen mit noch Ungeborenen feierlich verlobt wurden!

Der Gehorsam, welchen die Frau ihrem Manne und sogleich dem Vater und der Mutter schuldig war, kannte keine Ausnahmen – der Mann konnte seine Frau mit deren Zustimmung einem anderen Manne als Weib verkaufen. Die reicheren Klassen lebten oft in Vielweiberei. Die zweite Frau hatte den Stand einer Magd inne und erst, wenn dieselbe einen Sohn gebar, rückte sie der ersteren zur Seite. Frauen durften sich nach dem Tode ihres Mannes nicht mehr verheiraten und gaben sich oft selbst den Tod.

Die Nahrung der Chinesen bestand hauptsächlich aus Reis, Fisch und Schweinefleisch. Der Reis wurde trocken abgekocht – ohne Gewürz – und aus kleinen Porzellanschälchen mittels zweier Holzstäbchen gegessen.

Das Spiel war bei den Chinesen sehr beliebt – besonders »Hasardspiel« und Domino. Auch die Frauen vertrieben sehr gern ihre freie Zeit mit Domino spielen. Das Bedürfnis der Chinesen, Opium zu rauchen, war allgemein bekannt. Die Opiumraucher atmeten den giftigen Rauch so lange ein, bis ihnen das Bewusstsein schwand und rosige Träume ihre Phantasie umgaukelten.

Durch Schnüren und Pressen wurden schon im Kindesalter die Füße der

Am »Victoria Park«:
das Haus der Königin
in Hong Kong

Straße in Shantung

Auf der linken Seite des Hwang-Ho: Shang-hai

*Mit der »S.S. Jokohama Muru«
nach Nagasaki*

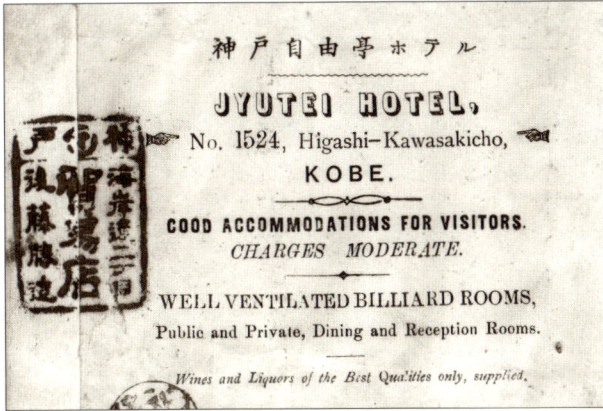

*»Die Mädchen lachten über meine
Schüchternheit«:
Im »Iyntei Hotel« in Kobe*

*Das Rathaus von
Osaka*

Kyoto – Eingang in den Kanaltunnel zum Biwasee

Unterkunft im »Kyoto-Hotel«

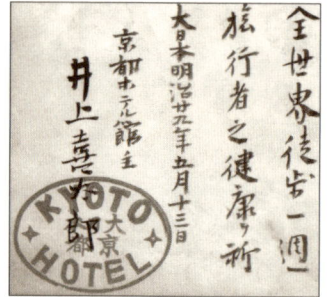

3729 Meter hoch: Der ehemalige Vulkan Fuji-San, Japans Heiligtum

Im Osakapark in Tokyo

Unterschriften der Britischen und der Österr.-Ungarischen Legationen in Tokyo

Chinesinnen verunstaltet. Allerdings wurde dieser Unsitte, die in China zum feinen Ton gehörte, nur in den besseren Volksklassen gehuldigt, da durch diese Verstümmelungen der Füße die Bewegungen und der Gang der Frauen sehr steif und linkisch wurden. Die Frauen der unteren Klassen mussten ja arbeiten.

Im Volke unterschied man 4 verschiedene Klassen, davon war die der Gelehrten die erste. Dann kamen die Ackerbauern, Handwerker und Kaufleute. Nur Wissen, nicht Geld und Reichtum oder Adel wurden in China geachtet. Beschränkung im Genuss des vollen Bürgerrechtes erlitten die Schauspieler und Prostituierten, Scharfrichter, Gefängniswärter und diejenigen Diener, die ihrem Herrn auf der Strasse vorauszugehen hatten, um demselben die gebührende Achtung zu verschaffen. Ihre und ihrer Kinder Ehre galt bis zur dritten Generation als gemindert und zwar bei den Schauspielern und Prostituierten, weil sie schamlosen Herzens seien und bei den übrigen, weil sie harte Herzen hätten.

Von *Hong-Kong* begaben wir uns nach *Schatou* in der Provinz *Kwang-Tung*, und wanderten längs der Küste Chinas nördlich nach *Futsing* und *Wen-Tschon*. Hier sah ich zum ersten Male chinesische Feldartillerie, deren Kanonen von Soldaten gezogen wurden. Die Dörfer und Städte, die wir passierten, waren fast alle gleich.

Hier und da eine interessante Brücke oder ein schöner Tempel, auch manche Häuser mit spitzen, getürmten Dächern brachten etwas Abwechslung in das monotone Einerlei.

Am 1. Mai erreichten wir *Schanghai* an der linken Seite des *Hwang-Ho*, 12 Meilen oberhalb der Mündung des *Jangtsekiang*. Das europäische Viertel machte einen sehr repräsentablen Eindruck. Auch diese chinesische Stadt wurde durch englisches Reglement in Reinlichkeit und Ordnung gehalten. Die *Nanking*-Straße war eine der Hauptverkehrsadern des chinesischen Viertels.

Die eingeborenen *Shang-haier* hielten mit unbeugsamer Starrheit an den alten Sitten ihres Landes fest. Viele der männlichen Eingeborenen ließen den Kopf vorn unrasiert und trugen die langen Haare mittels Tuch am Hinterhaupte zusammengebunden.

In Shang-hai hatte ich Gelegenheit einer Gerichtssitzung beizuwohnen. Die Strafen, welche über die Chinesen verhängt werden konnten, waren die Todesstrafe (gewöhnlich Enthauptung), lebenslänglicher oder zeitlicher Kerker, Verbrennung, körperliche Justiz (bis zu 500 Bambusschläge), Geldstrafen und das Tragen des Kragens. Der Kragen (»Kang«) war ein Gefüge aus Holz in der Form eines Quadrates. Die Fuge, wo der Kragen zusammengesetzt war, wurde mit Papierstreifchen überklebt, die das Amtssiegel und eine Mitteilung darüber enthielten, wie lange der Verbrecher den 10 Kilo schweren Halsschmuck zu tragen hatte.

Zankende Weiber, die auch im Reich der Mitte existierten, mussten für ihren bösen Mund dadurch büßen, dass man sie zusammen in einen großen Holzkragen einspannte und sie dadurch gezwungen waren, sich aus nächster Nähe zu sehen.

Dann wurden die chinesischen Klatschbasen auch noch durch Schläge mit einer Lederklatsche bestraft – auf den Mund!!!

Das Todesurteil wurde auf freiem Platze vollzogen. Dem zum Tode Verurteilten wurden Hände und Füße zusammengebunden, der Diener des Scharfrichters erfasste sodann den Zopf des Verbrechers und der Henker vollzog mit einem scharfen und schweren Schwerte die Enthauptung.

Als Eigentümlichkeit in den Sitten der Chinesen sei noch erwähnt, dass sie zum Zeichen des Bejahens den Kopf schüttelten, zum Zeichen des Verneinens mit dem Kopf nickten, und beim Schreiben beginnen sie oben rechts. Der Südpol des Magnets – und nicht der Nordpol – ist für sie maßgebend.

Es war am Morgen des 1. Mai 1896, als das Schiff »Jokohama-Maru«, ein schön gebautes, japanisches Fahrzeug, den Hafen von *Shang-hai* verließ und den *Jangtsekiang* hinab in das Ostchinesische Meer hineindampfte. Nach zweitägiger Fahrt erreichten wir *Nagasaki*.

Es regnete in Strömen. Tief und dunkel hingen die Wolken herab und der Hafen, der als einer der herrlichsten der Erde bekannt war, machte absolut keinen positiven Eindruck. Am anderen Morgen war das Wetter schön. Der Hafen war umgeben von schönen, grünen Hügeln, welche mit stolzen, prächtigen Bäumen und mit frischen, üppig treibenden Sträuchern bedeckt waren. Von diesen Hügeln aus hatte man einen herrlichen Überblick auf das, am Bai liegende, reizende Städtchen *Nagasaki*. Als ich an das Fenster meines Zimmers trat, begrüßten mich die erquickenden Sonnenstrahlen. Majestätisch stieg die feurige Kugel hinter den Bergen empor, um diesem Teil der Erde, der ihren Namen trug, alle Ehre zu beweisen: Denn nun waren wir im reizenden *Nippon*, dem Lande der aufgehenden Sonne!

Von *Nagasaki* wanderten wir am 4. Mai ins Innere der Insel *Kiusiu*, längs der Telegraphenlinie, nach *Saga*, dann nach *Simonoseki*, wo die beiden Inseln *Kiusiu* und die Hauptinsel *Nippon* nur durch eine schmale Wasserstrasse getrennt waren. Hier setzten wir in einem Boote über und wanderten durch die herrlichen Landschaften von Süd-*Nippon* über *Takahasi* nach *Hiogo* (*Kobe*).

Der Pflanzenwuchs Japans war ein überaus üppiger und reich an Gewächsen, die dem Osten Asiens eigentümlich waren. Die zahlreichen Gewässer erleichterten den bedeutenden Reisbau. Der Japaner war Vegetarier. Nur sehr selten genoss er Fleisch, ebenso selten Brot. Reis, Fisch und Eier waren seine Hauptnahrung.

Was mir bei meinem Betreten Japans am meisten Bewunderung einflösste, war die Japanerin. Ja, in der Tat, lustig, dabei neckisch, hübsch, zärtlich und reizende Wesen – wie geschaffen, dem Manne das Leben zu versüßen!

Das Leben in den »Provinzial-Hotels« war sehr interessant. Die Läden der Hotels lagen gewöhnlich 60 Zentimeter über der Strasse. Die Häuser waren aus Holz gebaut, die Böden bedeckten dicke Reisstrohmatten, die Wände bestanden aus leichten Rahmen, welche mit Papier überklebt waren. Als ich eines der Hotels betrat, trippelten geschäftig einige kleine,

Das »Imperial Hotel« in Tokyo

Autogramm von Hermann Kessler, dem Repräsentanten von Siemens & Halske in Tokyo

Japan Brewery Company Limited: »Lager-Beer«!

»Amida«, der 50 Fuß hohe Buddha bei Kamakura

Ein wenig Luxus vor dem Aufbruch in die »Neue Welt«: Das »Club Hotel« in Jokohama

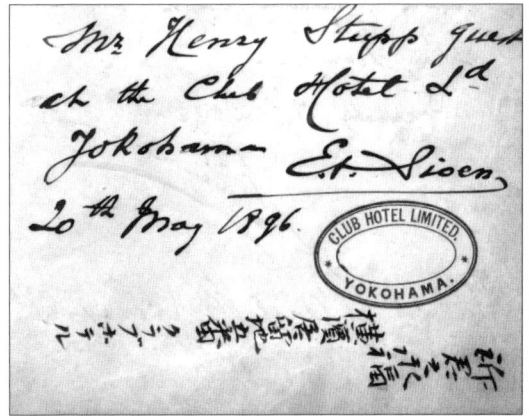

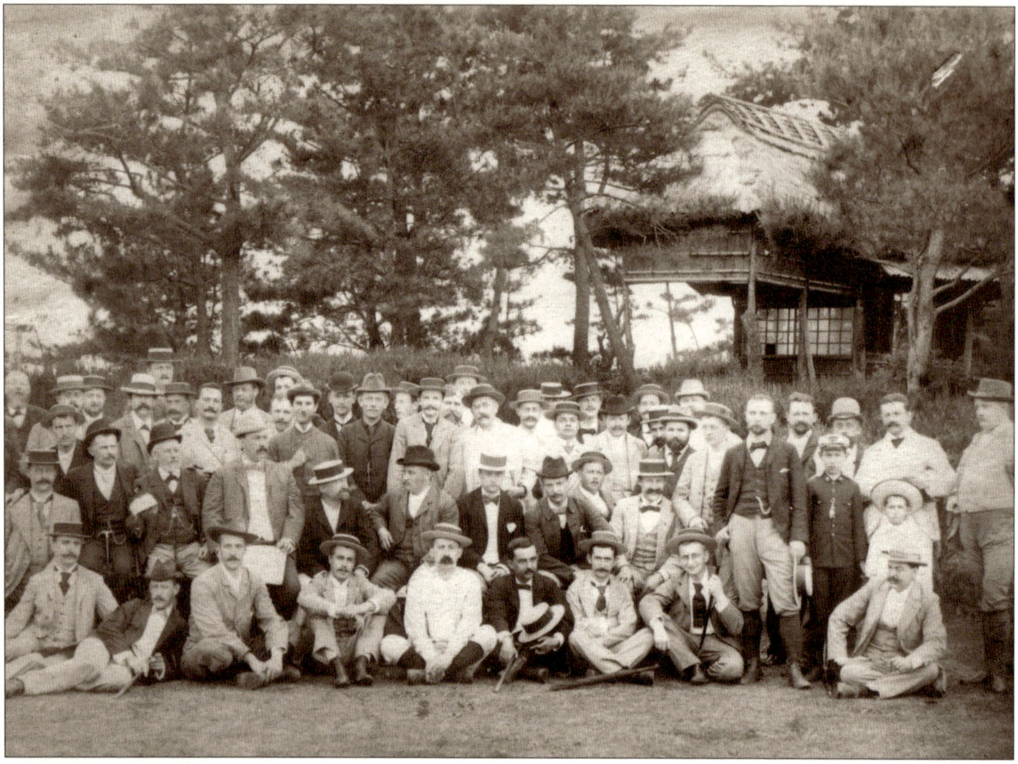

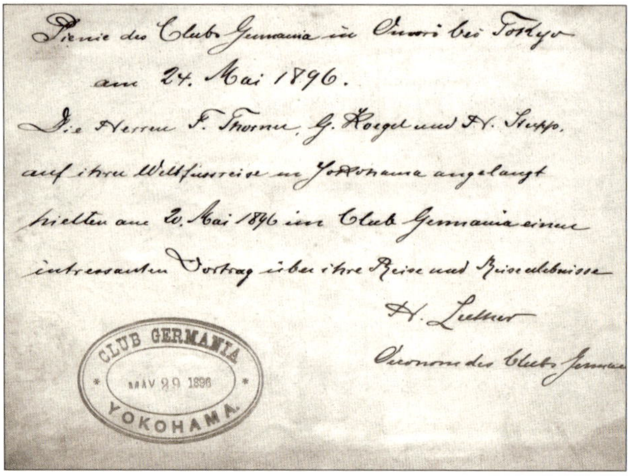
Picnic des Club Germania in Omori bei Tokyo
am 24. Mai 1896.
Die Herren F. Thorne, G. Koegel und H. Stupp,
auf ihrer Weltfussreise in Yokohama angelangt
hielten am 20. Mai 1896 im Club Germania einen
interessanten Vortrag über ihre Reise und Reiseerlebnisse
H. Luther
Oeconom des Clubs Germania

CLUB GERMANIA
MAY 29 1896
YOKOHAMA.

Picknick mit den Mitgliedern des Clubs »Germania« in Jokohama

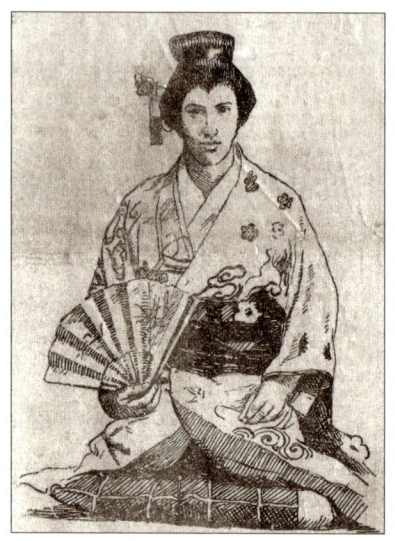

H. Stupp als Geisha verkleidet (nach einem Foto gezeichnet)

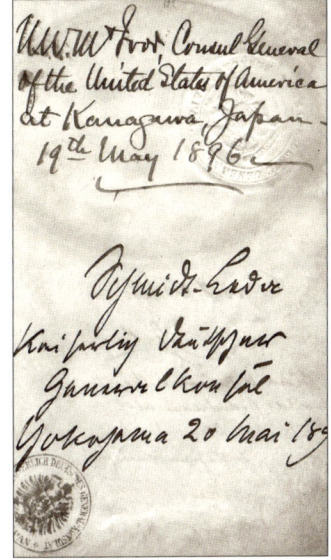

Stupps Zeichnung vom Hafen von Jokohama mit dem Schiff »Asloun« (H. Stupp blickt in Richtung Amerika)

Unterschriften des amerikanischen und des Kaiserlich-Deutschen Generalkonsuls in Jokohama

Autogramm Tom McKays, des Kapitäns der »San Francisco Overland Route«

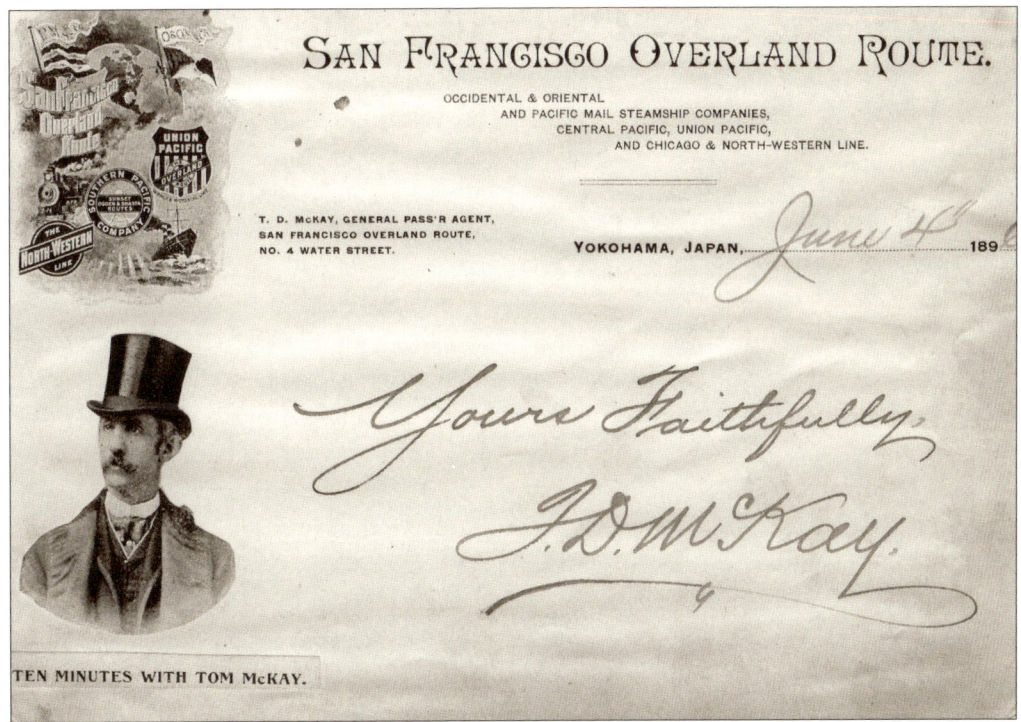

possierliche Jungferchen herbei, ließen sich mit Grazie auf den Knien nieder, legten ihre Köpfchen zurück und machten eine tiefe Verbeugung; dann sprangen sie auf, rückten weiche Kissen herbei und nahmen mir mein Gepäck ab. Sie zogen dann mit ihren winzigen, kleinen Fingerchen unsere plumpen und schweren Schuhe aus und brachten Strohsandalen, die sie über unsere Füße streiften. Sie führten uns sodann in ein kleines, offenes Zimmer. Hier gab es keine verschließbaren Türen, keine Klingeln, kein Schloss, kein Anklopfen oder Hereinrufen. Man mag gerade bei den »privatimsten« Toiletten-Angelegenheiten gewesen sein, die Papierwände wurden auseinander geschoben und Fräulein Mohnblume oder Fräulein Sonnenschein traten ein.

Als ich etwa eine Stunde im Hotel verweilt hatte, fragte mich der Besitzer, ob ich ein Bad zu nehmen wünsche. »Gewiss«, sagte ich, »zeigen sie mir das Zimmer!« Er deutete auf eine Papierwand an der anderen Seite des Hauses. Sofort begab ich mich zu dem bezeichneten Baderaum und öffnete die Türe. Ich blieb aber verdutzt in derselben stehen, als ich im Wasser etwa 5 Japanerinnen erblickte, die sich gegenseitig mit Wasser bespritzten. Ich glaubte mich geirrt zu haben und schloss schnell die Türe. Erstaunt ging ich zum Hotelier, um ihm meinen Irrtum mitzuteilen und ihn gleichzeitig nach dem richtigen Raume zu fragen. Verwundert schaute mich der Japaner an, fasste mich bei der Hand, führte mich abermals zu der bekannten Türe, öffnete selbige und trat mit mir ein. Er zeigte auf das Wasser und entfernte sich. Bei meinem Eintritt lachten die Mädchen über meine Schüchternheit laut auf. Ich blieb aber noch einige Minuten verblüfft stehen, da ich mir diese kuriose Sitte nicht gleich erklären konnte.

Aber ich war ja im Lande der aufgehenden Sonne. Dem anmutigen Völkchen hier gab es kein Arg und kein Weh, hier war alles ländlich sittlich. In der Tat: In Japan badeten Männlein und Weiblein in einem Bade und gerade so, wie sie der Herrgott erschaffen hatte. Nach dem Bade führte man mich in einen anderen Raum, in dem einige blinde Masseure ihrem Geschäfte nachgingen.

Die japanischen Gouvernementbeamten trugen alle europäische Kleidung. Vor Jahren wurde sogar der Versuch gemacht, diese auch bei Hofe einzuführen. Doch verursachte diese Neuerung Komplikationen, da die Damen – an die morgenrockartigen und taillenlosen Kimonos gewöhnt – in den engen Korsetts bald in Ohnmacht fielen.

Das Familienleben des Japaners war ein sehr gutes. Die Liebe der Eltern zu ihren Kindern war eine recht innige. Die Japanerin war nicht die Gefährtin, sondern die Dienerin des Mannes. Sie stand ihm in allen Dingen nach und musste ihm unbedingt gehorchen. Das versprechen auch manche Europäerinnen bei der Ehe, ohne es zu halten. Die Japanerin musste aber auch versprechen, niemals ihrem Gatten zu widersprechen. So mancher europäische Ehemann würde sich das auch wünschen! Die Japanerin war sehr zierlich und anmutig in ihren Bewegungen und ihrem Benehmen. Die verheirateten Frauen Japans färbten sich die

Zähne schwarz. Man konnte also, sobald eine Japanerin sprach oder lächelte, sofort an der Farbe ihrer Zähne feststellen, ob sie noch ledig sei. Für japanische Ehemänner gab es leider ein solches Erkennungszeichen nicht!

Wir wanderten nach *Osaka* und *Kioto*, zwei der bedeutendsten Städte Japans. *Osaka* liegt zu beiden Seiten des *Ydogawa*-Flusses, in dessen Fluten sich eine große Schar Kinder tummelte, welche teilweise in Holzbütten hockten und sich mittels Stangen weiterarbeitete. Wir besuchten den Gouverneur sowie verschiedene große Fabriken auf unserem Wege, eine Uhrenfabrik und eine Wollweberei. Von hier aus setzten wir die Wanderung fort.

Japan bildete gleichsam die *Schweiz* für die Europäer Ost-Asiens. Seitdem die »Samurai« ihre 2 Schwerter mit dem Säbel oder dem Tuschpinsel vertauscht hatten und als moderne und freie Offiziere oder friedliche Beamte keine Gefahr mehr für die Reisenden bildeten, war das Land mit seinen herrlichen Gebirgstälern und schönen Seen das Reiseziel vieler reicher Europäer. Die Landschaft bot einen großen Reiz und kaum ein Land dieser Erde konnte sich in dieser Hinsicht mit *Nippon* messen.

Die Polizei *Japans* war sehr gut organisiert. Es verging kaum ein Tag auf unserer Wanderung durch das Innere, an dem man uns nicht nach unseren Papieren fragte. Kein Europäer durfte ohne »Passport« das Innere Japans betreten.

Anfang Mai kamen wir nach *Yokkaichi* und nach *Nagoyo*. Wir passierten mehrere Brücken und Flussarme, erreichten *Toyohashi* und am 14. *Hamamatsu*, woselbst uns von der »Kaufmanns-Union« ein Bankett gegeben wurde. Die Japanesen waren große Sportsleute und interessierten sich sehr für unsere Reise.

Je mehr wir uns dem Orte *Numagasu* näherten, desto deutlicher wurde der höchste Berg Japans sichtbar. Das schneebedeckte Haupt des ehemaligen Vulkans *Fuji San* reichte bis zu 3729 Meter empor und ist damit nur 68 Meter niedriger als der *Großglockner*.

Wir passierten die *Mississippibucht* und erreichten am 18. Mai *Jokohama*, die Haupthafenstadt Japans. Nach einer Wendung des Weges öffnete sich das Tal und vor uns lag ein Meer kleiner Holzhäuser. Dahinter schimmerten die weißen Gebäude des europäischen Viertels der Stadt.

Auch Tokio, der Residenzstadt Japans statteten wir einen Besuch ab. In derselben herrschte ein reges Leben und Treiben. Gerne folgten wir den Einladungen des deutschen Gesandten Freiherr von Gudschmitt sowie der Universität von Tokio, an der viele deutsche Professoren tätig waren. Die Umgebung Tokios bestand aus herrlichen Gärten mit üppiger Vegetation. Schöne, schattige Waldungen und idyllische Plätze, an denen sich der Mensch von den Mühsalen des Lebens erholen konnte. Man dünkte sich in einem Paradiese!

In *Nikko*, dem bekannten Pilgerort mit den herrlichen Tempeln fand zur Zeit ein großes Fest statt und wir begaben uns daher per Bahn nach dort, um selbigem beizuwohnen. *Nikko* lag auf leicht gewölbten, dicht bewaldeten Hügeln. Uralte, riesige Bäume bildeten eine schattige Allee, die zu dem Fuße der berühmten Tempel führte.

Bei *Kamakura* erhob sich die Figur des großen Buddha »Amida«, welcher 50 Fuß hoch war. Jedes Auge maß 4 Fuß, die Nase 3 Fuß, 8 Zoll und der Mund 3 Fuß, 2 Zoll.

Nach einer Audienz am 4. Juni beim Mikado, dessen Residenzschloss von einem wundervollen Park umschlossen war, kehrten wir nach *Jokohama* zurück. Zur Erinnerung an die schönen Stunden, die wir in diesem herrlichen Lande der aufgehenden Sonne verlebt hatten, ließen wir uns denn auch durch einen japanischen Photographen auf die Platte bannen.

Am 6. Juni verließen wir Japan auf dem Dampfer »Aslun«, um der »Neuen Welt« zuzusteuern. In großem Bogen durchquerten wir den Stillen Ozean und erreichten eine so hohe nördliche Breite, dass wir vor uns die Umrisse des *Kathrinen-Archipels* sehen konnten. Es war am Nachmittage des 23. Juni, als unser Dampfer das Lotsenschiff an der Mündung des »*Columbia*-Flusses« erreichte. Schon von weitem sah man auf den hochgehenden Wogen das mit einem grellen Licht versehene Schifflein auf- und absteigen. Der Lotse stieg an Bord und nun ging es »Volldampf voran«.

Die Küste des westamerikanischen Gestades tauchte als dunkler Streifen aus den gewaltigen Wassermassen empor. Die Sonne ging unter und die Küste entschwand unseren Augen. Am anderen Morgen, als ich an Deck trat, war ich überrascht von den wild romantischen Uferlandschaften des *Columbia*-Flusses. Grosse, feierliche Stille herrschte ringsum.

In 100 bis 250 Fuß Höhe zogen sich die steilen Ufer längs des Flusses dahin, mit uralten Fichten, Tannen und Zedern bewachsen. Aber mit dem Hauch der Zivilisation waren auch Äxte und Feuer nicht müßig gewesen. Ein großer Teil der Uferlandschaften glich einem Nadelheer, denn von Tausenden von Bäumen waren die Äste und Zweige abgebrannt worden, nur die kahlen und spitzen Stämme ragten wie Riesennadeln zum Himmel empor. In den einzelnen Schluchten waren die Bäume ausgerottet. Hier hatten sich mutige Farmer niedergelassen, um in der neuen Welt ihr Glück zu versuchen.

III
Amerika

(6. Juni 1896 – 22. Oktober 1896)

Portland–New York

Portland–New York

Am 25. Juni trafen wir in *Portland/Oregon* ein. Hier betrat ich zum ersten Male das Festland der »Neuen Welt«! Hier im Hafen sah ich echt amerikanische Gestalten. Etwa 50 Jünglinge und Greise saßen oder standen – die Hände in Hosentaschen gesteckt – auf Arbeit wartend. Im großen »*Portland-Hotel*«, dem feinsten und größten Hotel West-Amerikas, stiegen wir ab – als Gäste des Direktors. Sofort kamen 3–4 junge »Boys« und nahmen unser dürftiges Gepäck in Empfang.

Wir bestiegen einen der Luftfahrstühle und in sausender Geschwindigkeit ging es zum 12. Stockwerk. Bald darauf erschien ein Berichterstatter der »Orion News«, der sich einen Artikel und eine Photographie erbat. Schnell waren die neuesten Erlebnisse stenographiert und am anderen Morgen um 8 Uhr war unser Bild und Bericht in den Zeitungen zu finden. Der Amerikaner liebt es, die Artikel durch Bilder »versinnlicht« (illustriert) zu sehen. Nachdem wir uns ein paar notwendige Dinge angeschafft hatten, blieben uns noch 25 Cent. Wir verkauften unsere Photographien mit Autogrammen und somit hatten wir Geld für die Fahrt nach San Francisco.

Am 26. Juni 1896 verließen wir, mit dem Schiffe »States of California«, *Portland* und dampften nach *San Francisco*, der schönen Stadt am Goldenen Tor. Dort war das Reiseziel der beiden amerikanischen Weltreisenden Gustav Koegel und Fred Thoerner, welche von dort, infolge einer Wette von 16 000 Dollar, am 10. Juni 1894 abgereist waren und am 10. Juni 1896 an ihrem Startort wieder hätten eintreffen müssen. In Betreff Koegel & Thoerner muss ich hier nun einige Zeilen schreiben:

NIE hatte ich mich um diese Angelegenheiten gekümmert, jedoch glaubte ich, dass es sehr faul damit stehe und dass ihnen am Ende nur ein Orden überreicht werde.

Denn, soviel ich gehört, hatte Fred die große Wasserreise gegen die Kontraktbedingungen gemacht, und was das Schlimmste war, Koegel, der die ganze Strecke gemacht hatte, kam zu spät an. Nach meiner Überzeugung war die Wette verloren!!!

Diese ganze Katastrophe hatte ich schon lange vorher bemerkt, aber aus wohlweislichen Gründen mich stets unparteiisch verhalten, besonders wegen der großen Charakterverschiedenheiten von Thoerner und Koegel.

Was ich an Schwierigkeiten mitgemacht hatte, ist kaum zu beschreiben. Offen kann ich gestehen: Ohne mich wäre schon in Europa das ganze Unternehmen gescheitert, denn die Uneinigkeit der beiden sowie die Unerfahrenheit von Koegel hatten mir oft große Schwierigkeiten verursacht.

Koegel war ebenso wenig Weltmann wie Thoerner. Beide hatten so wenig geographische Bildung wie ein gewöhnlicher Mann. Fred jedoch konnte sprechen und besaß gesellschaftliche Umgangsformen – Gustav verstand durch sein Benehmen und Auftreten wohl augenblicklich Leute zu interessieren, verlor aber mit der Zeit, denn jeder studierte Mann erkannte in ihm den Bauern.

Ich hatte mir die Aufgabe gesetzt, bis »Frisco« meine Kollegen zu begleiten. Danach war ich mein eigener Mann und konnte nach eigenen Erfahrungen walten.*

Am 4. Juli 1896, dem Tage der Unabhängigkeitserklärung, lief ich im historischen Festzuge mit, welcher durch die Strassen von *San Francisco* führte. Ich trug meinen von einem indischen Schneider in *Karatschie* angefertigten, uniformartigen Anzug aus einem gelb-beigen, ripsartigen Baumwollgewebe. Vor mir ging ein Begleiter, welcher mir vom »Goethe- und Schillerverein« und den »Sportclubs« der Stadt gestellt worden war. Jener machte durch ein Schild auf meine Weltumwanderung aufmerksam. Die Aufschrift lautete: »Around The World On Foot – Heinz Stupp Marched For Germany«.

Tags darauf sprach mich ein älterer Herr auf der Strasse an und fragte mich, ob ich nicht gestern im Festzug als der Erdumwanderer dabei gewesen sei. Ich bejahte dies. Der Herr überreichte mir seine Visitenkarte, auf welcher zu lesen war: »James Forsyth, Brigadegeneral und Kommandeur der Armee in Kalifornien«. Der General interessierte sich für meine Indien-Uniform (welche nach meinen Angaben angefertigt worden war) und bat mich, ihm eine Photographie dieser Bekleidung zu überlassen. Das War-Department in Washington würde sich sehr dafür interessieren.

Am 6. Juli 1896 verließ ich *San Francisco*. Mit neuem Mut und neuer Begeisterung griff ich wieder zum Wanderstabe, um den letzten Teil meiner Weltumwanderung allein zurückzulegen. Meine Reise sollte über Portland – Helena – Yellowstone National Park – Bismarck – St. Paul – Milwaukee – Chicago – Toledo – Niagara Falls – Albany – New York gehen.

Das war für mich um so schwieriger, da ich damals der englischen Sprache nicht mächtig gewesen war. Hart war es, mühesam und oft auch zum »Beineausreissen«, aber was konnte es helfen, man sprach englisch wie ein geborener Londoner, mischte halb und halb deutsch und Gott weiß was darunter und man hatte das übelste Amerikanisch.

Koegel lief schon im Süden und schmolz vor Hitze, hier im Norden wurde die beste Vanille-Eiskrem in $^1/_{1000}$ sec. zu kochendem Wasser und in dieser Temperatur täglich 45 englische Meilen marschieren …! Oh ja, alles wurde gemacht heutzutage, sogar eine Ballonfahrt zum Mittelpunkt der Erde.

In San Francisco traf ich einen Reporter der »Frankfurter Zeitung«, er kam von Köln und hatte gerade ein Liederheft von einer Carnevals-Gesellschaft erhalten, die im Juni im Volksgarten ein Fest abgehalten hatte. Hier konnte ich nun wieder einmal einige Sätze in meiner lieben Mut-

---

* Thoerner selbst pilgerte noch im selben Jahr hoch in den Norden zu den Flüssen Alaskas, wo er eine ergiebige Goldader entdeckte. Wie so viele der Goldgräberzunft jener Jahre ist er kurz nach dieser Entdeckung bei der Arbeit aus dem Hinterhalt erschossen worden. Neid, Missgunst und Goldgier waren die üblichen Ursachen derartiger Verbrechen!

III. Amerika

Die »Neue Welt« erreicht:
Portland in Oregon

Porträt von H. Stupp

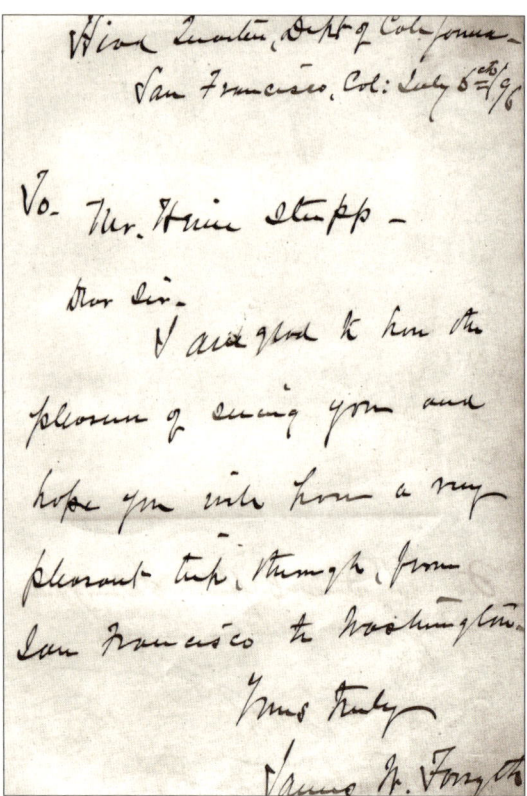

Schreiben von James Forsyth, dem Brigadegeneral in San Francisco

*Abschieds-
brief von
Fred Thoer-
ner aus San
Francisco*

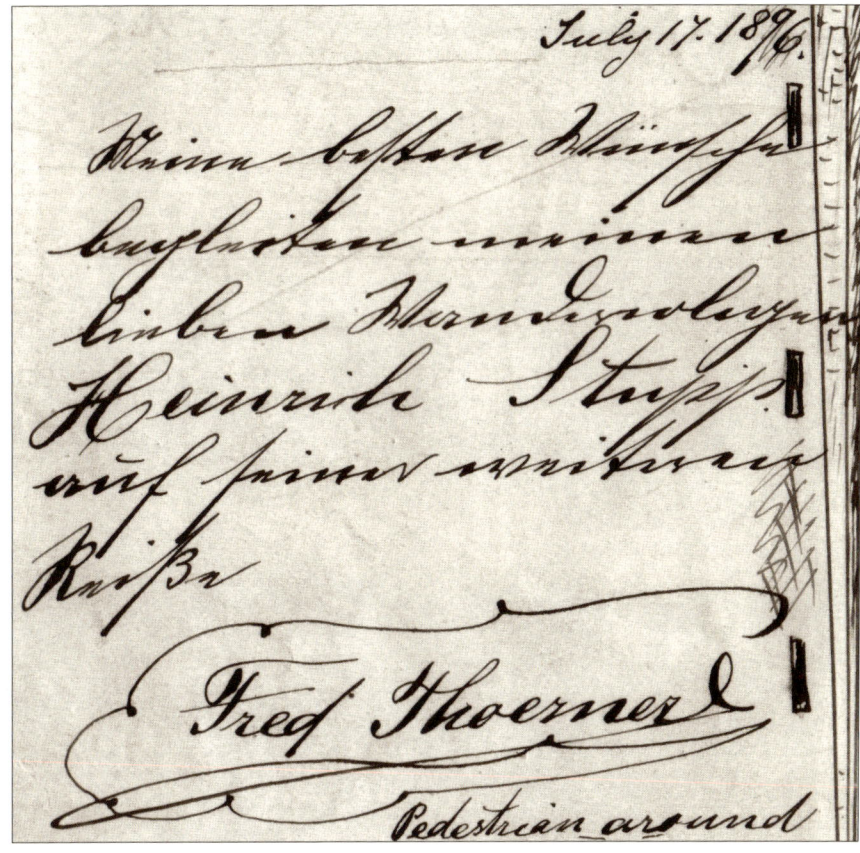

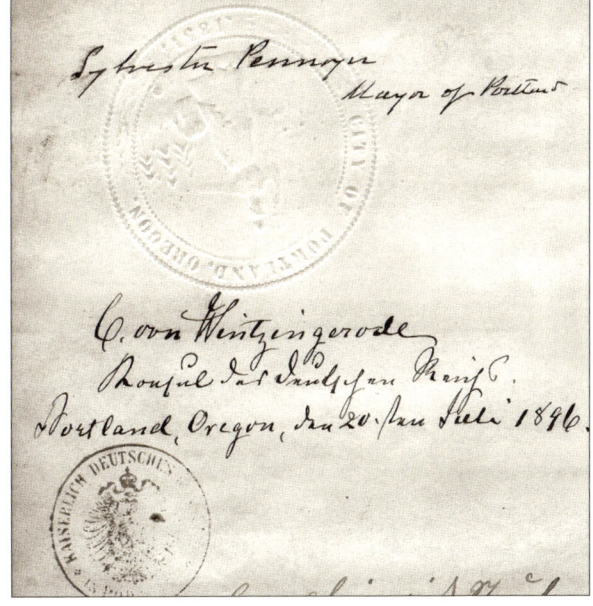

Das »Portland Hotel«

Unterschriften des Bürgermeisters von und des deutschen Konsuls in Portland

*»Der Moment der Trennung«
war gekommen: San Francisco,
die Stadt am »goldenen Tor«*

*»Fröhliche Heimkehr« wünscht
die »Gundlach-Bundschu Wine
Company« in San Francisco*

*Der Bürgermeister von San
Francisco läßt grüßen*

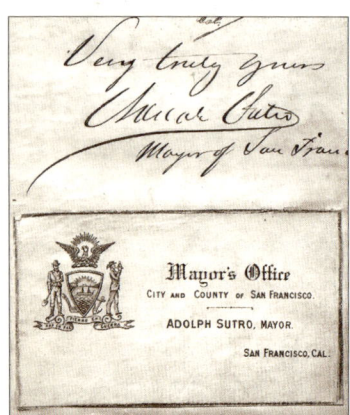

Tusche-Zeichnungen von C.F. Robertson, San Francisco

tersprache »en äsch Kölsch« lesen – und das tat mir so wohl!

Ich hoffte, dass es mir gelingen würde, schleunigst durch Amerika zu kommen, denn hier sprach man nur von Gold und Silber – » ... und was wählen Sie? McKinley oder Bryan?« fragte mich jemand. »Republikaner oder Demokrat?« »Ne«, sagte ich, »ich wähle mir eine gute Schwiegermutter!« Er verstand kein Deutsch und darum schaute er mich staunend an. Ich kehrte nach *Portland* zurück, um die Durchquerung der Vereinigten Staaten anzutreten. Zuerst führte mich mein Weg am *Columbia*-Flusse entlang, aber bald, nach dem Verlassen der Vororte, wurde die Landschaft so bewaldet, dass ich kaum noch voranmarschieren konnte. Wenn man im Westen Amerikas von einer Stadt zur anderen gelangen wollte, so war man genötigt, immer Wildnis zu passieren, da dort keine Landstrassen vorhanden waren. Die kleinen Pfade liefen in so unregelmäßigem Zick-Zack, dass man denselben nicht folgen konnte.

Ich entschloss mich, des Bergab- und Bergaufgehens müde, einfach dem Lauf des wilden *Columbia*-Flusses zu folgen. Aber alsbald musste ich feststellen, dass es auf weiten Strecken nicht einmal einen Saumpfad gab, da die Steilhänge unmittelbar in den Fluss abfielen, dessen gurgelnde Wassermassen die Felsen umspülten. Auch die Nordpazifik-Eisenbahnlinie, die dem Flusslauf folgte, führte an diesen Stellen über das Wasser, da ansonsten Hunderte von Tunnels notwendig gewesen wären. Um diese zu bauen, war damals in den Vereinigten Staaten kein Geld und keine Zeit vorhanden gewesen. Die Bahnlinie zog sich im wunderschönen Tale des fischreichen Columbia-River entlang – der Lachs und Salm von hier sind weltbekannt!

Die Bahn musste auf einer Länge von 300 Kilometern 200 Brücken passieren. Oft waren dieselben von beträchtlicher Länge und führten über tiefe Schluchten oder Nebenflüsse, zuweilen sogar im Flusse selbst dahin. Diese Brücken waren jedoch nicht mit unseren europäischen zu vergleichen. Sie bestanden aus Holzschwellen, welche je 2 Fuß auseinander lagen und auf Längsbalken ruhten, die wieder von fast senkrecht stehenden, durch Kreuzstangen verbundenen Holzpfählen getragen wurden. Die Brücken waren so schmal, das nur je ein Zug dieselben passieren konnte. Die Trittbretter der Waggons ragten noch über die Schwellen hinaus.

Die etwa 10 Meter über dem Wasserspiegel liegenden Gleise und Schwellen benützte ich als Wanderpfad, dabei höllisch aufpassend, nicht zu straucheln. Mehrmals am Tage wiederholte sich eine lebensgefährliche Sache, die sich durch ein Erzittern des ganzen Gerüstbaues anzukündigen pflegte. Dann nahte der »Pazifik-Expresszug«, dessen Heranbrausen man zwar noch nicht sehen und wegen der tosenden Wassermassen auch nicht hören, aber bereits auf Hunderte Meter Entfernung am zitternden Schwanken des Gebälks erfühlen konnte.

Mir selbst blieb nichts anderes übrig, als mich blitzschnell an einem der hölzernen Stützpfeiler herunterzulassen und mich an das seitlich vorstehende Ende einer Schwelle zu klammern und den in brausender Geschwindigkeit dahinsausenden Zug über meinen Kopf wegrollen zu lassen. Dabei schaukelte das Gerüst beängstigend hin und her. Nur meine Kraft, meine Jugend und meine Unbekümmertheit bewahrten mich vor körperlichem Schaden. Allerdings verlor ich bei einer dieser Kletterpartien eine Umhängetasche, in welcher sich eines meiner Tagebücher und meine Ostasienerinnerungen befanden.

Die Gegend am *Columbia*-Fluss war sehr fruchtbar, besonders Obst gedieh in großen Mengen. Aber alle Farmer klagten über ihre schlechten Lebensbedingungen. Alle wünschten sich, in ihre Heimat zurückkehren zu können. »Wenn ›Bryan‹ gewählt wird, kehren wir zu dem Lande zurück, wo unsere Wiege stand!«, erzählten sie mir mehrfach. Es war die Zeit des heißen Wahlkampfes zwischen dem Westen Amerikas (den »Silberleuten«) und dem Osten (den »Goldleuten«). Je mehr ich mich den großen Silberminen von *Idaho* näherte, um so toller tobte das Volk. Schon seit Wochen war jegliche Arbeit unterbrochen, alles trieb nur Politik. Ob jung oder alt, ob männlich oder weiblich, alles politisierte von früh bis spät. Einen großen Teil der Hetzereien verschuldeten die örtlichen Zeitungen. In jedem Heft fand man eine solche Tirade.

Überhaupt war es in ganz Amerika gefährlich und zwar wegen der bekannten »Tramps«! Dies waren Leute, die sich auf die Züge oder auch darunter hängten, oder auch zu Fuß gingen. Völlig heruntergekommene Kreaturen, die sich so durchschlugen. Hunderttausende überschwemmten das Land, sie fielen jeden anständigen Menschen, der ihnen begegnete, an und raubten ihn aus. So wurde, wie ich aus San Francisco erfuhr, bei »Los Angeles« Koegel halb totgeschlagen, man wollte ihm seine Büchse abnehmen.

In The Dalles/Oregon, meiner nächsten Station, saß ich bei einem Deutschen mitten in einer großen Sandwüste. Der Wind ging gleich einem Orkan und wirbelte den leichten Sand so dicht in die Höhe, dass es mir nicht möglich war, einen Schritt weiter zu machen. Ich dachte, ich sei verlassen von der Welt und liefe im Kreis. Da war mir, ich sähe in nicht zu großer Entfernung ein Haus. Mit Mühe gelang es mir, meinen Weg durch diese gewaltigen, wirbelnden Sandmassen zu bahnen – und siehe da, es war eine Brauerei!!! Es war dies die »Columbia-Brewery« von Herrn August Buchler. Welch gute Fügung des Allmächtigen und ein guter Trunk stärkte nun meine Kräfte!

War ich glücklich in einem Nest angelangt, dann begann oft meine Kopf- und Mundarbeit, dann musste man einen Platz finden, wo man des Nachts sein müdes Haupt hinlegen konnte. Auch der Magen knurrte, der ja seit 7 Uhr morgens nichts mehr bekommen hatte, und das war oft eine harte und unangenehme Arbeit. Hatte man nun glücklich einen »Onkel« gefunden, der sich um einen kümmerte, so ging das Erzählen los und es kamen viele Besucher, die alle den berühmten Weltwanderer sehen und hören wollten, denn die meisten hatten ja die Zeitungsartikel gelesen.

Nun hieß es Bier trinken und den Mund schwätzen lassen, bis man endlich

III. Amerika

Die »North Pacific Railway«, auf deren Schienen Stupp entlanglief

Der Columbia River

Skizzen von H. Stupp (links: Wilder Mustang, rechts: Akrobatik unter den Schienen)

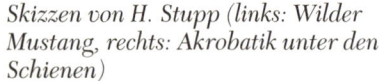

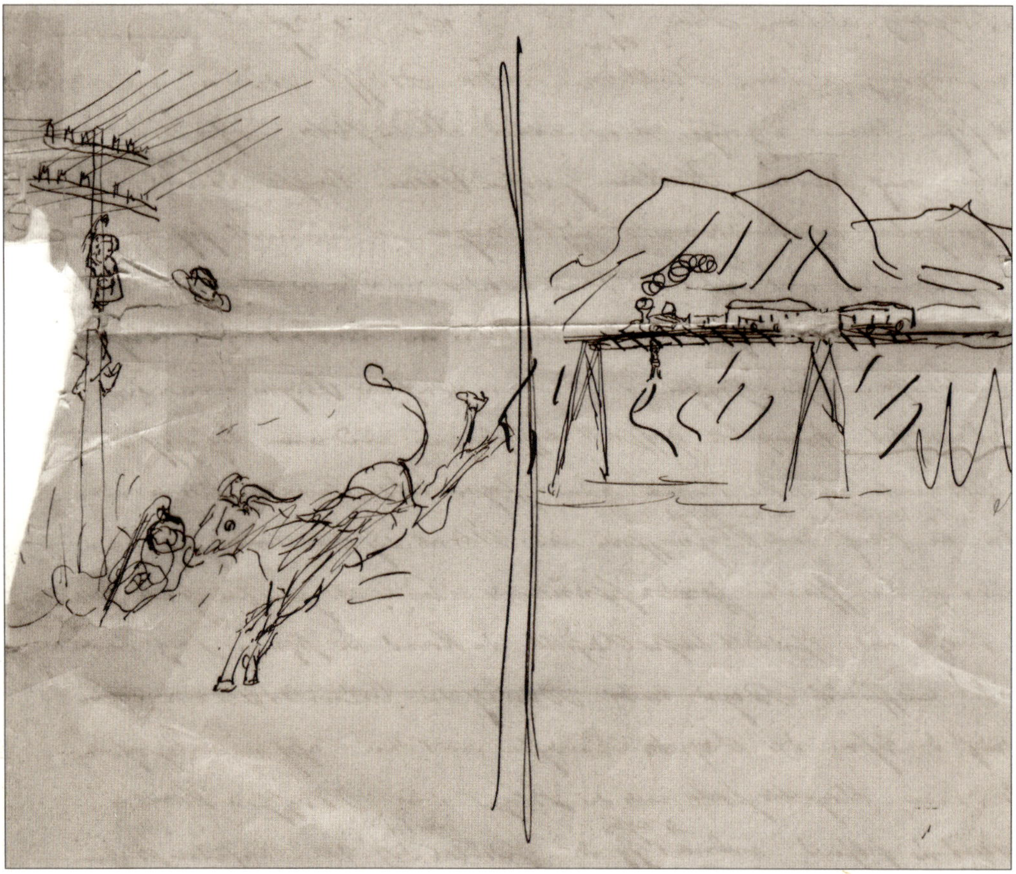

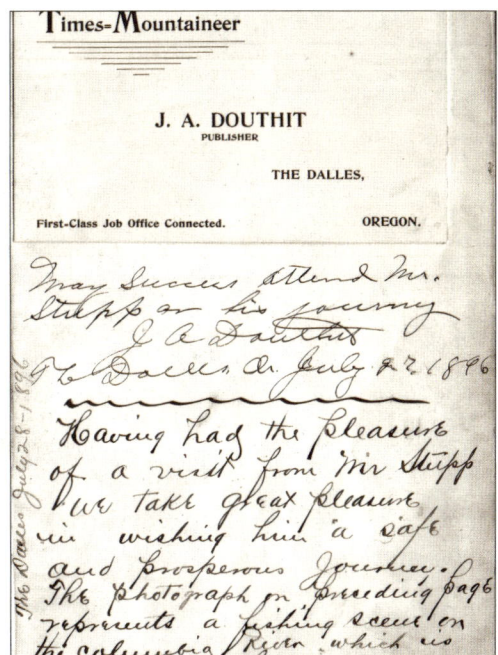

Fischfang am Columbia River

Der »Times Mountainer« in Dallas wünscht viel Glück.

Nach den Sandstürmen ein kühles Bier

Indianer-Mission Coeur d'Alène am Missoula River

III. Amerika

Apotheker und Sanitäter von »Fort Sherman« in Idaho

»Hier regierte der Grizzlybär«: die Rocky Mountains

Eine Sägemühle in Oregon

Unterkunft in Missoula: das »Montana Hotel«

Hauptstraße von Missoula in Montana

nach 12 Uhr nachts, Gott sei Dank, erlöst war. Dann ruhten Beine, Mund und Kopf, bis ein gutes Erwachen den Wandersmann von neuem zur täglichen Arbeit mahnte.

Von *Spokane* aus führte der Weg nach *Coeur d'Alène*, einer Indianer Mission. Hier befanden sich noch riesige Urwälder, hier war das Land noch am wenigsten von der Zivilisation beleckt. In den *Rocky Mountains*, einem Felsengebirge, in dem noch eine große Wildnis herrschte, regierte der gefürchtete Grizzlybär. Hier lebten und leben die »Sioux-Indianer« in Territorien zusammengedrängt.

Bald darauf erreichte ich *Hellgat* und nach einem anstrengenden Marsche über die Bitterwurzel Gebirge (Bitter Roots Mountains) hatte ich glücklich im August Missoula in Montana erreicht.

Oft musste ich stundenlang im Wasser marschieren, oft lange Zeit mir meinen Weg durch dichte Urwaldungen bahnen, denn ich hatte bei Coeur d'Alène die Eisenbahnlinie verlassen.

Ich marschierte durch die »4th July Schlucht«, wo vor einigen Monaten noch 10 Personen ermordet worden waren, und erreichte Wallace, eine »Minerstadt« in Idaho, wo ich bei den dort wohnenden Deutschen eine sehr liebenswürdige Aufnahme fand.

Am Abende des 19. Augusts 96 traf der weltberühmte Violinspieler Eduard Remenyi in Gesellschaft einiger anderer Virtuosen dort ein und gab abends ein ausgezeichnetes Konzert.

Remenyi, ein Ungar und Solospieler vor dem Kaiser von Österreich, empfing mich sehr freundlich. Als ich ihm meine Karte zum Hotel sandte, ließ er mich sofort rufen. Als ich in den Saal trat, rief er: »Ausgezeichnet, welch kolossaler Zufall!! Sehen Sie, wie das wunderbar zusammentrifft – jetzt gerade, als Sie anklopften, schrieb ich die letzte Note zu der neuen Komposition der Ungarischen Nationalhymne. Seit 6 Jahren sucht und arbeitet man für eine solche Hymne und nun jetzt gerade habe ich die erste ›Königliche Ungarische Nationalhymne‹ vollendet!!! Ich werde dieselbe dem König einsenden und ich glaube, dass sie angenommen wird!«

Zwei Stunden lang unterhielt ich mich mit Remenyi, er schenkte mir sein Bild und schrieb sehr interessant in mein Autographenbuch (es war schon das dritte Buch), sodann gab er mir eine Karte für den Abend zum Konzert. Er sagte mir, nach dem Konzert solle ich auf die Bühne kommen und mit ihm die Hände schütteln, was ich auch vor den staunenden und bravorufenden Zuhörern tat. Jeder in Wallace kannte mich schon und feierte mich sowie Remenyi, und nie werde ich die schönen Stunden vergessen.

Remenyi erzählte mir, als ich ihn fragte, er habe sein gutes Deutsch in Weimar gelernt, als er seinerzeit Schüler bei dem Komponisten Liszt war.

Das Wetter war schön, zuweilen etwas warm, gar kein Regen und ich beschloss, nach Helena weiter zu wandern.

HELENA MONTANA, im August 1896
Liebe Eltern & Geschwister!
Helena, die Königin der Städte des Staates Montana, habe ich gesund und kreuzfidellustig erreicht!

Allüberall trifft man ausgezeichnete Leute und hier sitze ich nun sogar bei einem Kölner, welcher hier eine Bar hat, und Ihr könnt Euch leicht denken, was da –, nun ich sage es gleich, »höllisch gesoffen« wird.

Man muss einen eisernen Magen haben – natürlich das wäre unmöglich auszuhalten, wenn man nicht viel Politik dazwischen essen würde, um besser zu verdauen.

Jetzt gerade wird eine neue Runde Bier aufgefahren, aus diesem Grunde schließe ich mit einem »Gott walt's« und »Prosit – Ex«!!

Nun marschierte ich in nördlicher Richtung entlang des Oberlaufes des *Missouri* in das große, unendliche Prärieland *The Great Plain*, welches von leicht gewölbten Höhenzügen durchzogen wurde. Das ganze Gebiet war von einem gelben, sonnenverbrannten Steppengras bedeckt. Die weißen Zelte der hier lebenden Indianer glänzten im Sonnenschein.

Nur ein einziges Mal auf meiner Weltwanderung wurde ich überfallen. Nicht in der Wildnis der *Rocky Mountains*, sondern am buschbewachsenen Ufer des *Missouri*! Dort saß ich und träumte von der Heimat und stellte Vergleiche zwischen dem mächtig dahinziehenden Fluss und dem herrlichen grünen Rhein an. Ohne dass ich vorher etwas gehört oder bemerkt hatte, bekam ich plötzlich von hinten einen schweren Schlag über den Kopf, der mich sofort bewusstlos machte. Ich weiß nicht mehr, wie lange es gedauert hat, bis ich aus meiner Betäubung erwachte. Weit und breit war niemand zu sehen. Ich stellte fest, dass mein ganzes Gepäck durchwühlt war. Jedoch: Es fehlte nichts. Nur die Pistole war aus dem Lederetui, das ich am Gürtel trug, verschwunden. Ich musste vermuten, dass mir ein Sioux-Indianer unbemerkt gefolgt war und mich beobachtet hatte. Niemand, außer einem Indianer, vermag einen wachen Menschen so geräuschlos anzuschleichen. Vielleicht war es ein Außenseiter, ein Einzelgänger, ein vom Stamm Verstoßener – ich weiß es nicht! So ging mein einziges Andenken an meinen Wanderkameraden Thoerner, der mir dieselbige Pistole bei unserem Abschied geschenkt hatte, verloren.

Zur Ehre der Sioux-Indianer sei aber gesagt, dass sie mich immer gastlich aufgenommen hatten. Nie ist mir bei ihnen etwas weggekommen! Der Verkehr mit den Indianern war allerdings sehr schwierig, da die wenigsten ein Wort englisch verstanden, doch waren sie stets gastfreundlich, wenn auch zuweilen etwas abstoßend und misstrauisch.

Ich passierte mehrere Militärstationen, in denen ich sehr liebenswürdig aufgenommen wurde. Die Verpflegung und die Quartiere der Leute waren vorzüglich, doch war das Leben in diesen Gegenden sehr eintönig. Erst in der Nähe der Quellflüsse des Mississippi wurde das Land wieder fruchtbarer. Hier weideten große Herden von Büffeln. Dieselben waren sehr gefährlich und oft – wenn ich einsam durch die riesigen Weiden wanderte – wurde ich von Stieren angefallen! Nur die schleunigste Flucht auf den nächsten Telegraphenposten rettete mich vor den toddrohenden Hörnern dieser wilden Büffel.

III. Amerika

Auf dem Weg nach Wallace in Idaho – amerikanische Getreide-Erntemaschine

Wallace Opera House,
RICHARD DAXON, Manager,
WALLACE, : : : IDAHO.

Bekanntschaft mit dem berühmten ungarischen Geiger Remenyi in Wallace

Aus einem Prospekt: Der Little Missouri River

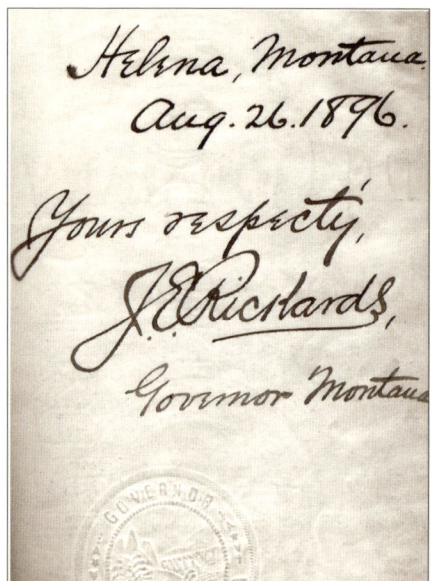

Autogramm von J. E. Rickards, dem Gouverneur von Montana

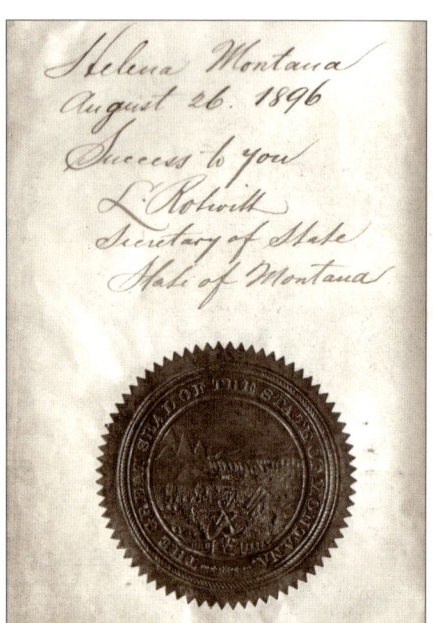

Siegel und Unterschrift des »Secretary of the State of Montana«

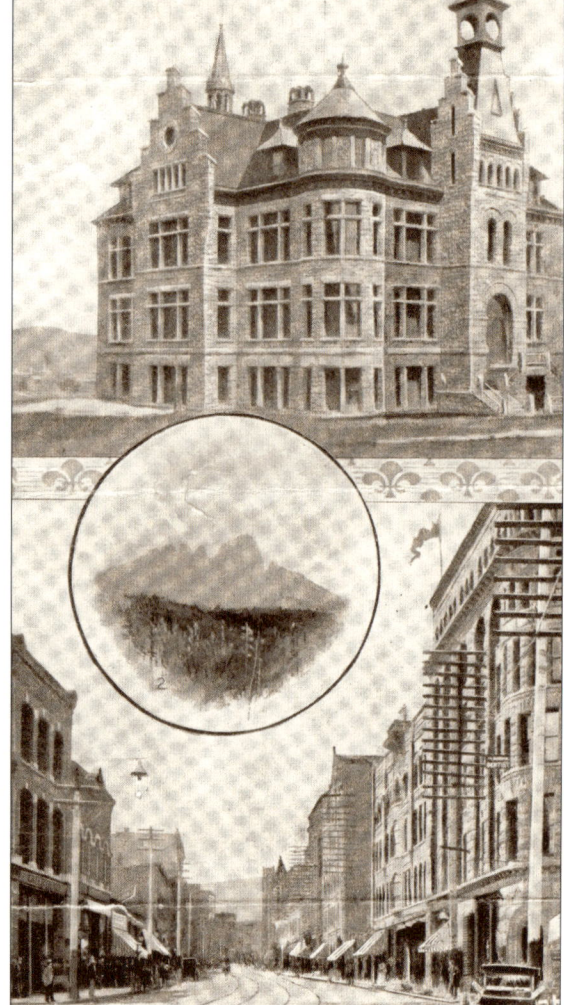

Aus einem Prospekt: Helena in Montana

Besuch bei der »West Publishing Company«, gegründet 1876

Das »State Capitol« in Madison

Unterschrift und Siegel von »The Governor of Wisconsin«

Anfang September traf ich in Minneapolis und St. Paul am Mississippi ein, der hier 600 m breit seine Wogen nach Süden wälzt. Hier wohnte ich bei einem Herrn Giesen (geb. Kölner), einer der reichsten Leute aus St. Paul. Er hatte einen Sohn in meinem Alter und wir amüsierten uns ausgezeichnet.

St. Paul hatte ein festliches Gewand angelegt, unzählige Sternenbanner flatterten im Winde, quer über die Straßen gespannt. Am Abend herrschte eine feenhafte Beleuchtung und Illumination. In vielen tausend Lichtern und Lampions erstrahlte die Stadt, denn 150 000 Kriegsveteranen aus allen Teilen der Staaten waren hierher geeilt, um an der großen Erinnerungsfeier, welche an die Zeit des Befreiungskrieges von 1861-65 erinnerte, teilzunehmen.

Der amerikanische Adler in einem eminenten Ausmaß, aus elektrischen Lichtern montiert, überspannte einen riesigen Triumphbogen. Viele Tribünen waren errichtet und in den Straßen drängten sich die Menschen in dichten Massen. In den Schaufenstern der Geschäftshäuser standen in Lebensgröße die Bilder von Ulysses Grant, des großen Generals und Sieger von Chattanooga. An dieser Schlacht hatten unter General Howards Armeen auch viele Deutsche teilgenommen.

In anderen Fenstern stand das Bild des berühmten Reitergenerals Ph. H. Sheridan auf seinem schwarzen Schlachtross, zur Erinnerung an seinen Gewaltritt von Winchester nach dem Schlachtfelde von Cedar Creek, woselbst er noch rechtzeitig die Schlacht zur siegreichen Entscheidung führen konnte.

Dortselbst wurde mir auch erzählt, wie groß die Beteiligung der Deutschen an den Erfolgen der Nordstaaten der Union gegen den Süden war. Unzählige Regimenter bestanden aus rein deutschen Kontingenten. Die Armeen der nördlichen Staaten rekrutierten sich, außer aus den amerikanischen Truppen, aus 235 000 Deutschen, dazu kamen 20 000 Deutsch-Österreicher und Deutsch-Schweizer. Sodann aus 180 000 Irländern, 5500 Engländern, 65 000 Kanadiern und 73 000 verschiedenen Ausländern.

Über 25 deutsche Generäle, darunter die bekannten Namen Karl Schurz, Schimmelpfennig, Weitzel, Kautz, Willich und viele andere kämpften für die Nordstaaten und viele von ihnen hatten in siegreicher Schlacht ihr Leben gelassen für die neue Heimat!

Die Stimmung unter meinen deutschen Landsleuten in den Vereinigten Staaten war sehr unterschiedlich. Im Westen Amerikas hatten sie ihre Anhänglichkeit an ihr Vaterland nicht aufgegeben. Sie hingen noch alle mit ganzem Herzen an ihrer alten Heimat und ihre Gedanken klangen aus in den Worten: »Die Liebe zu unserer neuen Heimat lässt uns doch nicht die Scholle vergessen, wo unser Liebstes, unsere Eltern ruhen!« Andere schrieben in meine Tagebücher: »Grüßen Sie meine Heimat, grüßen Sie Bismarck und mein Vaterland!« und freuten sich, mit mir in ihrer Muttersprache plaudern zu können.

Aber auch die zahlreichen deutsch-schweizerischen Farmer in den Staaten Washington, Montana und Idaho waren ihrem Deutschtum treu geblieben und so mancher von ihnen drückte sein großes Heimweh in den Versen aus:

»Fliege Wandrer, fliege,
schnell zur Heimat hin.
Ach, wie wär' ich selig,
Könnt' ich mit Dir ziehn!«

Im Osten Amerikas aber war dies ganz anders. Oftmals hatte ich dort deutsche Landsleute getroffen, von denen ich wusste, dass sie selbst, oder ihre Eltern, in Deutschland geboren waren und geläufig Deutsch sprachen; die aber, wenn ich sie aufsuchte und sie mit der Frage begrüßte: »Guten Tag, mein Herr, Sie sprechen doch deutsch?« mir zur Antwort gaben: »No Sir, I speak well American!«

Sie schämten sich also ihrer Muttersprache, oder wollten aus geschäftlicher Interessenabhängigkeit leider alles »Deutsche« ablehnen.

Dann fasste mich im Innern oft eine Wut!!!

Von St. Paul aus durchwanderte ich den Staat Wisconsin und war über Madison, auf meiner großen, wunderbaren, von staunenswertem Glücke begleiteten Weltumwanderung im Osten Nordamerikas in der schönen, deutschen Stadt Milwaukee am Michigan-See eingetroffen und hatte die liebenswürdigste Aufnahme gefunden.

Man war hier nicht wenig stolz auf den deutschen, unternehmungslustigen Landsmann und man hatte mich wirklich großartig empfangen.

In den deutschen Zeitungen wurden große Berichte über meine Reise veröffentlicht und die deutschen Clubs feierten meine Ankunft. In dem hochfeinen »Hotel Pfister« hatte ich gastfreie, gute Aufnahme gefunden. Als ich am ersten Abend – von vielen Herren begleitet – in den feenhaft erleuchteten, mit blendendem Linnen gedeckten Speisesaal trat, spielte die Musikkapelle die »Wacht am Rhein«! Es war dies ein herrlicher Abend, einer der schönsten meines mühsamen und farbenreichen Lebens!

Herrn Fred Papst, den Besitzer der größten Brauerei der Welt, hatte ich die Ehre, besuchen zu dürfen und ich habe lange mit diesem bedeutenden Manne in seinem »Privat Cabinet« konversiert. Er versprach mir, an den Touristen-Club-Fortuna in Köln ein Fass Flaschenbier (bestes Bräu) zu senden, welches bis zu meiner Ankunft aufbewahrt werden solle, um beim frohen Wiedersehen mit einem »Prosit Pabst!« geleert zu werden.

Chicago, die nächste große Stadt auf meiner Wanderung war eine der bedeutendsten Handels- und Industriestädte Amerikas. Interessant waren die gewaltigen Häuserkolosse und die sogenannten »Wolkenschaber«! Von dem regen Leben und Treiben der amerikanischen Millionenstädte wurde schon so viel geschrieben, dass es sich erübrigt, darüber mehr zu sagen.

Durch die Staaten *Illinois* und *Ohio*, über *Toledo* längs des *Eriesees* erreichte ich am 24. September *Cleveland*, von wo aus ich einen Abstecher nach *Kanton Ohio* machte. Dortselbst besuchte ich Senator McKinley, der zur Zeit der Präsidentschaftskandidat der Republikaner, also der »Goldleute«, und damit der Held des Tages war.

Begrüßung in der »schönen deutschen Stadt«: Milwaukee in Wisconsin

Der »Deutsche Club« in Milwaukee

Schreiben des Bürgermeisters von Milwaukee

„Ehre dem Muthigen"!

Zum »Bärenwirth« in Milwaukee:
»Aecht Imp. Münchner Pschorrbräu Bier«

»Kostenlose Aufnahme« im »Hotel Pfister«

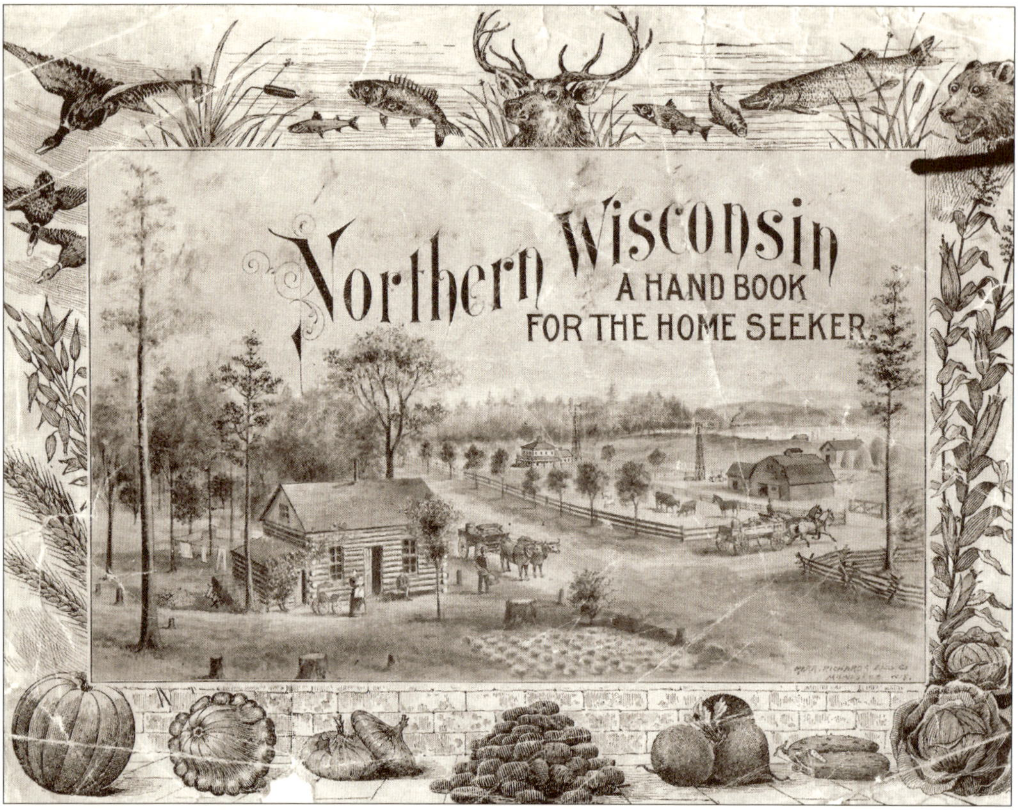

III. Amerika

Aus einem Handbuch: »Northern Wisconsin«

Das »Deutsche Haus« in Chicago

»Bei deutschem Lied und Wein«: Glückwünsche für den Weltfußwanderer in Chicago

Mit Seeblick: Hotel und Restaurant »Bismarck«

Canton hatte ein festliches Gewand angelegt. Es herrschte hier eine erregte Wahlpropagandastimmung und die ganze Stadt war vom Fieber der Parteipolitik erfasst.

In den Vereinigten Staaten von Nord-Amerika wird alle vier Jahre ein neuer Präsident gewählt. Der damalige Präsident Cleveland in Washington war ein Demokrat und schon zum zweiten Male »elected«.

Die Demokraten hatten aber nun einen anderen Kandidaten aufgestellt, und zwar W. J. Bryan. So wie in den Jahren 1861-65 der Süden mit dem Norden nicht übereinstimmte und gegeneinander standen, so ähnlich standen jetzt der Westen und der Osten sich feindlich gegenüber.

William McKinley empfing mich in seiner Villa aufs herzlichste und lud mich ein, sein Gast zu sein. Über 18 Parteireden habe ich im Verlauf meiner Anwesenheit in seinem Hause gehört.

Nachdem ich kaum eine Viertelstunde in seinem Hause weilte, rückte schon ein großer Propagandazug mit Musikkapelle und Standarte heran, es waren dies die Werktätigen der Industriestädte von Pennsylvania, in Gehrock und Zylinder und über 100 Studenten vom Allegany-College, wo Major McKinley im Jahre 1860 studiert hatte. Die Studenten trugen jeder auf dem Rücken das Bild ihres erwählten Präsidentschaftskandidaten angesteckt.

Die Führer der Abordnung begrüßten McKinley in seiner Villa, der alsdann in der vor dem Hause gelegenen Veranda einen Küchenstuhl erstieg, von brausenden Hochrufen empfangen.

Da stand dann der etwas untersetzte, mittelgroße Mann – ebenfalls im schwarzen Gehrock – und begeisterte mit seinen Reden und lebhaften Handbewegungen die breite Masse von Arbeitern und Intellektuellen.

»Gentlemen, what is the question?« begann er alsdann. »Unsere Parole ist gesundes Geld. Wir wollen keinen erniedrigten Dollar mehr! Die Arbeiter Amerikas wollen in gutem Geld bezahlt werden, so, wie dies in der ganzen Welt der Fall ist!« – Applaus! – »Und dann, Gentlemen, ich fühle, dass es ein gutes Teil besser ist, dass wir die Mühlen der Vereinigten Staaten für die Arbeit öffnen, als die Minen der U.S.A., um die Welt mit Silber zu überschwemmen!«

Nicht enden wollender Beifall und Zurufe: »Das ist, was wir wollen!!!«

So interessierte McKinley seine Massen, und er verstand es, mit seinen Ideen und Gedanken Volk und Land für sich zu gewinnen.

Als ich mich am folgenden Tage verabschiedete, überreichte er mir sein Bild und schrieb eine Widmung in mein Autographenbuch. Sein Sekretär steckte mir eines der kleinen Amulette mit dem Bilde McKinleys in das Knopfloch meines Rockes und überall, wohin ich nun meine Schritte lenkte, wurde ich als »The right boy« empfangen und mit Freude begrüßt, denn der ganze Osten und die Industriegebiete waren durchweg republikanisch.

Mit Gottes Hilfe und Fortunas Glück war ich nun schon – bis auf einige Tage noch – dem Atlantischen Ocean so nahe gerückt, dass mir fast alles uninteressant erschien! Ich sah nicht mehr hinauf nach den 20stöckigen Häusern, ich sah nicht mehr den hitzigen Amerikaner, der rastlos wirkte und schaffte, ich beobachtete nicht mehr die in Blitzeseile dahinsausenden, elektrischen Tramways, oder die schwindelerregende Schnelligkeit der auf- und abfahrenden Fahrstühle der riesenhohen Steingebäude.

Alles war für mich vergänglich geworden, alles erschien mir als ein unabsehbares, wunderbares Traumgebilde. Diese Reise unter ihren damaligen Verhältnissen war mir schon so gleichgültig geworden. Wenn ich sah, wie sich alles quälte, um sein bisschen Brot zu verdienen, um seine arme Existenz zu erhalten, wollte ich mich am liebsten verkriechen. Ich hätte keinem geraten, in den nächsten 6–10 Jahren hierher zu kommen! In Deutschland waren zu dem Zeitpunkt die Lebensbedingungen – dem Börsentarif und dem Arbeiterkongress nach – am besten.

Von Cleveland aus wanderte ich längs des Eriesees nach Buffalo, woselbst ich im Oktober ankam und im besten Hotel – wie immer – wohnte. Ich lebte hochfein, aber, Geld war nicht aus den Leuten herauszubekommen, die Zeiten waren so schlecht wie nie zuvor, was besonders mir sehr viel schadete!

Nach einem Besuch bei den beeindruckenden Niagarafällen ging es in Eilmärschen über Albany und von dort den Hudson-River entlang nach New York, wo ich am 6. Oktober 1896 glücklich eintraf – früher, als ich gedacht hatte.

Ich fühlte mich sehr gut und viele Ehren waren mir in Amerika zuteil geworden. Ich fand auch in den besseren Kreisen stets sehr freundliche und liebenswürdige Aufnahme, und ich darf wohl stolz darauf sein, stets ein gern gesehener Gast, auch in den wissenschaftlichen Gesellschaften, gewesen zu sein!

Von Koegel hatte ich nichts mehr gehört, er musste wohl in einer Stadt im Landesinnern hängen geblieben sein.

Mit der englischen Sprache hatte ich sehr gute Fortschritte gemacht, so dass ich mich auch mit hochgestellten Persönlichkeiten unterhalten konnte.

Ich besuchte Major Strong, den Bürgermeister von New York, sowie den Polizeipräsidenten, denen ich von Sheriff Tamson vorgestellt wurde. Außerdem hatte ich die Ehre, zum Ehrenmitglied des politischen »Deutsch-Amerikanischen-Reform-Bundes« (Republikaner) ernannt zu werden.

Auch in den Redaktionen der beiden deutschsprachigen Zeitungen, dem »New York Herold« (zu dessen langjährigen Mitarbeitern mein Großonkel gehörte), und der »New Yorker Staatszeitung«, wurde ich auf das liebenswürdigste begrüßt und willkommen geheißen. Im »New Yorker Wissenschaftlichen Verein« wurde ich eingeladen, wo ein Vortrag über Herrn Dr. Roentgen abgehalten wurde.

Anschließend hatten wir ein Essen und wir waren 15 Personen an einem Tisch – alles Doktoren und Professoren. Ein Dr. Le Ferre hatte mich irrtümlicherweise als Doktor vorgestellt, so galt ich diesen Abend als »Dr. The Lunatic«.

Meine nächsten Ziele waren Philadelphia und Washington, wohin ich von meinen Landsleuten zu Vorträgen gebeten worden war. Mein erster offizieller

III. Amerika

Strandpromenade in Toledo

Stupps Unterkunft in Cleveland:
das Hotel »The Hollenden«

Aus einem Prospekt der »C & B Line«

W. McKinley, der amerikanische Präsidentschaftskandidat

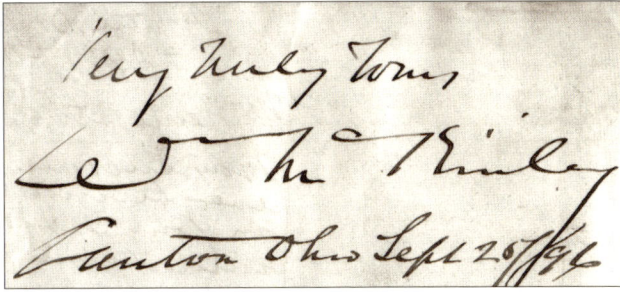

Widmung von McKinley, Canton/Ohio

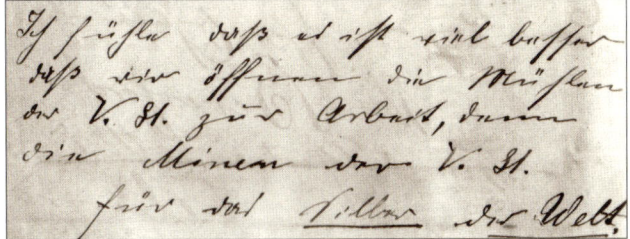

Übersetzung des Wahlkampf-Slogans von McKinley

Farmen bei Buffalo

An den Niagara-Fällen entlang in Richtung Albany

»Niagara Falls …«: aus einem Prospekt

Am Hudson-River entlang nach New York

»Früher als gedacht« in New York

III. Amerika

Auf dem Weg nach Washington: Station in Philadelphia

George Washington, der erste Präsident der Vereinigten Staaten

Das »Weiße Haus« in Washington

Autogramme und Siegel:

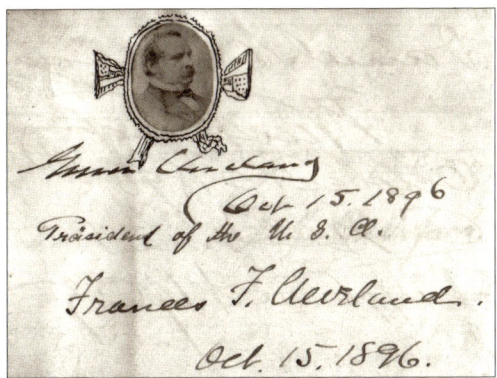

Grover Cleveland, Präsident der Vereinigten Staaten, und seine Frau Francis F. Cleveland

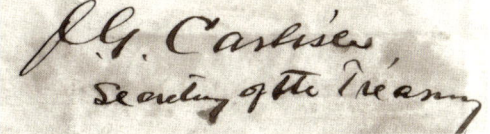

John G. Carlisle, amerikanischer Finanzminister

Daniel S. Lamont, amerikanischer Kriegsminister

Hilary A. Herbert, amerikanischer Marineminister

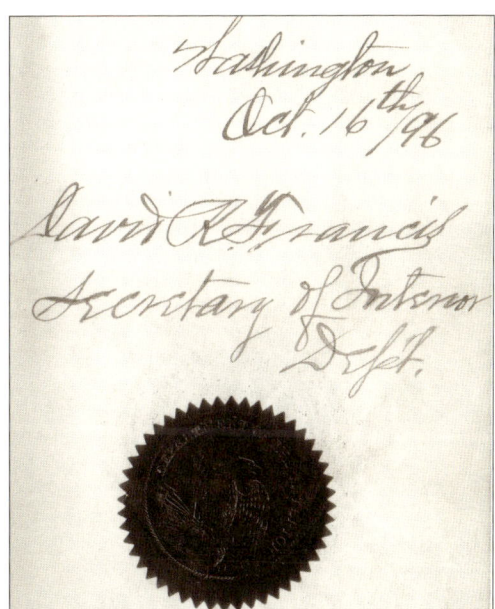

David R. Francis, amerikanischer Innenminister

G. Kugeler, Brigadegeneral und Generaladjutant der amerikanischen Armee

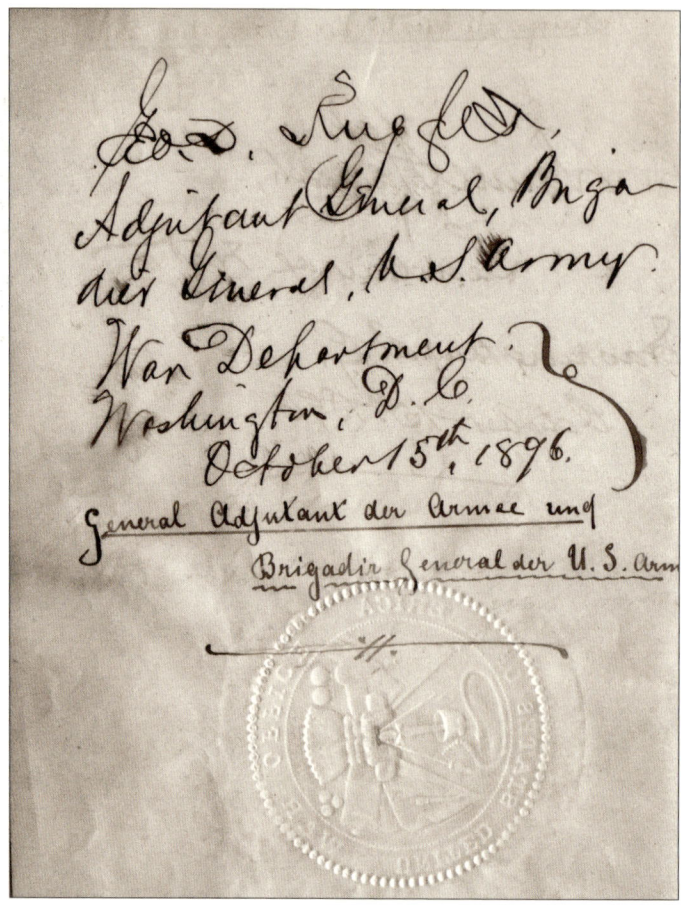

Richard Weinacht, Präsident des »Arion« in New York

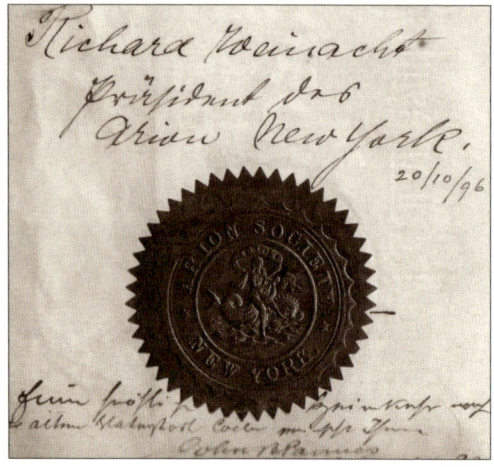

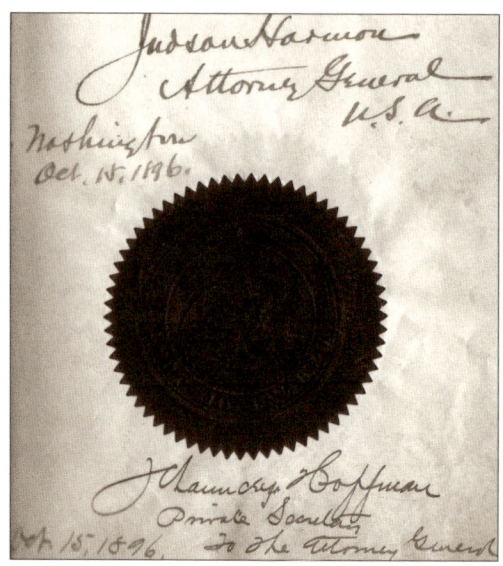

Judson Harmon, Generalstaatsanwalt des Höchsten Gerichts der Vereinigten Staaten

Besuch aber galt dem »War Department« und dem Kriegsminister. Vom Generaladjutanten und Brigadegeneral der Armee, Mister Kugeler, wurde ich dem Kriegsminister Daniel Lamont vorgestellt.

Meine Tropenuniform lag bereits dort vor. Die Herren des Kriegsministeriums waren so begeistert von derselben, dass man mich um die Erlaubnis bat, dieses Modell für die Uniform der Miliz in den Südstaaten verwenden zu dürfen. Hierzu war ich, in Anbetracht der großen, zuvorkommenden Aufnahme, die ich bei allen Behörden und Militärstellen gefunden hatte, mit Freuden bereit. Alle Angebote einer Vergütung lehnte ich daher dankend ab!

General Kugeler schüttelte mir beim Abschied die Hand mit den Worten, dass, wenn ich einmal einen Wunsch hätte, welchen das Kriegsministerium erfüllen könne, sie ihn ebenfalls gerne erfüllen würden.

Am Nachmittag weilte ich im »Weißen Haus«, wo ich dem Präsidenten Grover Cleveland und seiner Gattin, Frances F. Cleveland, vorgestellt und zum Tee geladen wurde.

Hier war auch der Minister des Innern, Francis, anwesend. Der Präsident interessierte sich lebhaft für die politischen Verhältnisse im Iran, betreffs der britisch-russischen Interessensphäre, wogegen die Frau Präsidentin sich über das Leben in den amerikanischen Missionsanstalten in China berichten ließ.

Nachdem sich das Präsidentenpaar noch in meinen Autographenbüchern verewigt hatte, besuchte ich den Generalstaatsanwalt der U.S.A., Judson Harmon, sowie den Marineminister H. A. Herbert. Auch dem Generalpostmeister Wilson, dem Verfasser des niedrigen Zolltarifs, machte ich meine Aufwartung und alle trugen mit Freuden ihre Autogramme und Siegel in meine Bücher ein.

Am 16. 10. abends wurde mir in der wunderbaren Stadt Washington ein schöner Empfang durch meine deutschen Landsleute bereitet und ich fand sofort gastfreie, gute Aufnahme im »Hotel Fritz Reuter«!! Auch einige Kölner waren anwesend, die Musik spielte deutsche Lieder und bei deutschem Rheinwein und Gesang schlug das Herz laut in der Brust des Germanen!

Am anderen Tage begann ich meine Besuche bei den verschiedenen Gesandtschaften und dem »Americanischen Cabinet«.

Nachfolgend lasse ich die Namen derjenigen bedeutenden Leute folgen, die ich gesehen, gesprochen und deren Unterschrift und Siegel ich erhalten habe, etwas, was wenigen Menschen vor mir gelungen sein dürfte:

1) Grover Cleveland: Präsident der Vereinigten Staaten von America
2) Frances F. Cleveland: seine hohe Gemahlin
3) John G. Carlisle: Finanzminister der V.S.
4) Daniel Scott Lamont: Kriegsminister der V.S.
5) G. Kugeler: Brigadegeneral und Generaladjutant der Armee
6) Judson Harmon: Generalstaatsanwalt des höchsten Gerichts der V.S.

7) Hilary Abner Herbert: Marine Minister der V.S.
8) Richard Olney: Staatssekretär der V.S.
9) David R. Francis: Minister des Innern der V.S.
10) William Lyne Wilson: Ober-Post-Direktor der U.S.A.
11) M.A. Austin: Polizei – Präsident
12) D. N. Morgan: Ober – Schatzmeister der V.S.
13) V. Jonland: Schatzmeister von New York
    Französischer Botschafter: Jules Patenôtre
    u. Japanischer Botschafter

Es freute mich sehr, dass ich die Unterschrift der hohen Gemahlin des Präsidenten erhalten hatte, sie war so liebenswürdig und auch eine sehr nette Frau!

Ich schrieb in mein Tagebuch:
»Nächste Woche fahre ich nach Europa. Dann verlasse ich die Neue Welt, wo mir so viel Gutes und Liebes widerfahren ist – ein Land, was mir so eng ans Herz gewachsen ist und was ich als mein zweites Heimatland mit Tränen nur verlassen kann!

Lebe wohl Amerika, lebt wohl ihr Staaten, ihr deutschen Freunde, ihr Verwandten, die ihr mir alle so viel Güte und Liebe bewiesen!

Fast 4 Monate habe ich es durchzogen und meine Brust atmete 4 Monate lang diese wunderbare Luft – lebe wohl, auf Wiedersehen!!!«

Nach New York zurückgekehrt, verlebte ich einen frohen Abend in den sangesfreudigen Räumen des großen, deutschen Männergesangsvereins »Arion«.

Meine Verwandten in New York waren unbeschreibbar liebenswürdig. Das Entgegenkommen, welches mir von Seiten unserer Angehörigen hier in Amerika gezeigt wurde, ist ganz wunderbar und unbegreiflich. So gab man mir am 18. Oktober ein Abschiedsfest, wo etwa 50 Herren und Damen anwesend waren.

Gesangsvorträge von einer Dame des hiesigen Opernhauses, welche auch schon in Paris an der »Grand Opera« gesungen hatte, gestalteten den Abend. Klaviervorträge und verschiedene andere Vorträge von tüchtigen Künstlern wurden abgehalten, dann war Essen.

Der Wein und das Bier flossen in Strömen die lachenden Kehlen hinab und es war schon 3 $\frac{1}{2}$ Uhr morgens, als ich mich erhob, um in einer längeren Rede unsere Familienzusammenhänge zu erklären und unseren lieben Verwandten meinen besten Dank auszusprechen. Ich sprach die Hoffnung aus, die Amerikaner bald einmal in Germany sehen zu können, und dass es mir gerade wieder am heutigen Abende klargeworden wäre, wie die deutsche Sprache und das deutsche Lied in den Familienkreisen doch noch klinge, zur Ehre des Vaterlandes und zum Wohle der Vereinigten Staaten!

IV
Europa

(22. Oktober 1896 – 5. Dezember 1896)

Liverpool–München

Liverpool–München

Schnell sagte ich in New York allen meinen, mir so ans Herz gewachsenen Verwandten und Freunden »Lebewohl«, griff zum Wanderstabe und Bündel, verließ New York und – »oh, welch glücklicher Gedanke« – dampfte meinem heimatlichen Kontinente zu, dem ich vor einem Jahr und 20 Tagen »Auf Wiedersehen!« zurief, als die letzten Lichter der Türkenstadt Constantinopel hinter mir verschwanden und mich der Dampfer »Venus« dem asiatischen Erdteile zuführte.

»Man sieht sich, lernt sich kennen!
Wird sich gut –
und muss sich trennen!«

Ungefähr um 6 1/2 Uhr am Morgen des 22. 10. lichtete der englische »Salon-Express-Dampfer Luciana«, unter dessen Passagieren auch ich mich befand, den Anker, dampfte langsam an der Kolossal-Statue »Liberty«, der Göttin Amerikas, vorüber und erreichte bald das offene Meer, den Atlantik.

Bald schlugen die Wellen hoch und höher und der mächtige Koloss »Luciana« tanzte eine Mazurka. Es dauerte auch nicht lange, so waren alle Passagiere, jedoch meistens die Damen, in ihren Kabinen und »übergaben sich« ihrem Schicksale!

Oftmals schlugen die salzigen Wogen, des einige Tage lang sehr unwirschen Meeres, hoch über Deck und der Drachen oder Delphin, auf dem wir die Wasserscheide zwischen America und Europa überschwammen, schien uns oft fast und vollständig zu verschlingen!

Bei lachendem Sonnenschein und blauem Himmel fuhr unser Schifflein, welches sich »meeressicher« erwiesen hatte, nach 8tägiger Fahrt im Hafen von Liverpool ein.

Von dort begab ich mich nach London, wo ich im Hotel Empire bei Herrn von Hagen die liebevollste Aufnahme fand.

In London besuchte ich Sir Walker, den Lord Mayor von London, sowie die deutsche Gesandtschaft, wo zur Zeit Prinz Hohenlohe als Kaiserlicher Geschäftsträger fungierte. Ich reiste weiter nach *Dover*, überfuhr den Kanal und betrat bei *Ostende* wieder den heimatlichen Kontinent!

Über *Brügge* und *Gent* marschierte ich nach *Brüssel*. Am 16. 11. langte ich gesund und munter dort an und hatte Unterkunft bei sehr lieben Leuten gefunden – nur war es schade, dass ich kein französisch sprach, doch mit englisch konnte ich mir schon durchhelfen!

Der deutsche Botschafter Graf Alvensleben empfing mich ebenso zu einer längeren Konferenz wie Bürgermeister Buls und der Polizeichef Bourgeoir.

Wieder war ich einen Schritt im unendlichen Weltenalle vorangekommen, wiederum um eine Stufe die Himmelsleiter hinaufgekraxelt und wiederum zeigte sich, dass mein Wahlspruch nicht unbegründet war, welcher da lautete »Ich will!«

Nämlich, »Seine Majestät, der König von Belgien« hatte allergnädigst geruht, bei meinem Besuch im »Palais« seinen

*»Man muß sich trennen« –
die Freiheitsstatue »Liberty«
in New York*

Der Hafen von New York

hohen Namen in mein Autographenbuch einzutragen und zwar:
LEOPOLD! Roi des Belges
Brüssel, der 18. November 1896

Über *Namur* marschierte ich nach Luxemburg. Und es war am Abende des 20ten November, als ich nach einem strammen Marsch in der Stadt Luxemburg eintraf.

Im »Grand-Hotel« wurde mir eine gastfreie Aufnahme zuteil. Hier lernte ich einige Herren kennen, welche mich einluden, am selben Abend mit zu ihrem Club zu kommen, hier wurde gezecht und musiziert und schnell rannen die schönen Stunden dahin.

Am anderen Morgen besuchte ich das Palais des Großherzogs von Luxemburg. Die Diener wollten mich nicht vorlassen, jedoch ich kannte dies, drängte ein wenig und man ließ sich schließlich erweichen, meine Karte, sowie meinen Empfehlungsbrief zum Flügeladjutanten »von Dytz« zu senden.

Nach einer Viertelstunde kam der Flügeladjutant Seiner Königlichen Hoheit persönlich herunter und sprach zu mir sehr liebenswürdig. Alle Diener standen mit entblößten Häuptern daneben und die Soldaten präsentierten ihre Gewehre.

»So, also sie sind der berühmte Weltwanderer,« sagte Herr von Dytz, »das freut mich!« »Jawohl, Excellenz«, sagte ich, »wenn Sie die Güte haben würden, dieses Buch Seiner Königlichen Hoheit vorzulegen? Ich bitte untertänigst um den hohen Namenszug.«

»Gewiss, sehr gerne! Ich lasse Ihnen das Buch heute Abend zum Hotel senden.«

Ich bedankte mich und entfernte mich. Dann besuchte ich einige Sehenswürdigkeiten und ging retour zum Hotel. Am Abend wurden mir die Bücher zugesandt und ich fand die Worte:

ADOLPHE. GRAND DUC DE LUXEMBOURG

Am Abende, gegen 11 ½ Uhr erschien im Hotel der Flügeladjutant v. Dytz und noch ein anderer Offizier. Die Herren interessierten sich sehr für meine Geschichte und man fragte mich, ob, wenn der Großherzog verlange, einen Vortrag von mir zu hören, ich denn einen Tag länger hier bleiben könne.

Ich erwiderte, dass ich im Notfalle einen Tag abzwingen könne!

»Wir wollen dem Großherzog die Sache vorlegen«, sagte Dr. Hungtmann, »denn die Großherzogin hat sich heute Abend beim Diner sehr gut über Ihr Unternehmen ausgesprochen und die Königlichen Hoheiten interessieren sich ungemein. Apropos, was würden Sie eventuell für einen Vortrag nehmen?«

»Aber Excellenz,« war meine Antwort, »Sie wollen mich doch nicht beleidigen!! Ich würde mir eine große Ehre daraus machen, im Palais einen Vortrag abhalten zu dürfen!«

Somit waren meine Idee und mein Wunsch erfüllt. Sofort setzte ich mich nieder und begann zu essen, aber bald wurde ich von Herrn Aldenkorff, dem Direktor der Gaswerke hierselbst, abgeholt.

Wir gingen zu ihm nach Hause, wo wir bei Rheinwein sehr schöne Stunden verlebten.

London – Ansicht der Stadt mit der Tower Bridge

Autogramm von Walter Wilkin, dem Oberbürgermeister von London

»Glückliche Heimkehr!« wünschen:
Prinz H. Hohenlohe, Kaiserlicher Geschäftsträger und Botschafter in London, Freiherr von Eckardstein, C. Gülich, Korvettenkapitän, Geheimer Rath W. Schmettau

TELEPHONE No. 65093. The Sportsman.
(THE LEADING SPORTING PAPER.)
TELEGRAPHIC ADDRESS, "Sportsman," LONDON.
ALL COMMUNICATIONS TO BE ADDRESSED TO THE FIRM, ASHLEY & SMITH, LIMITED.
139 & 140, FLEET STREET
London Nov. 2nd 189

A Truly Remarkable feat of pluck & endurance, which all at this office hope that Henry Stupp will accomplish & reach "Home Sweet Home" as sound as when he left.
J. Tudor Davies.
Sub Editor.

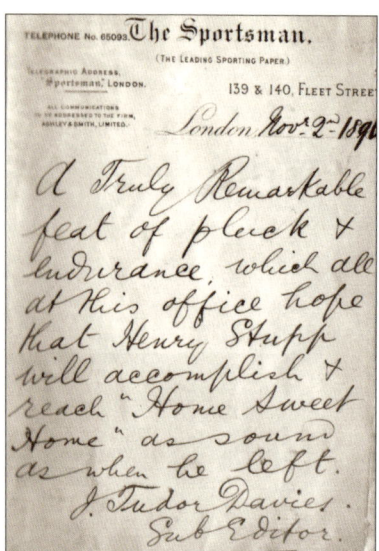

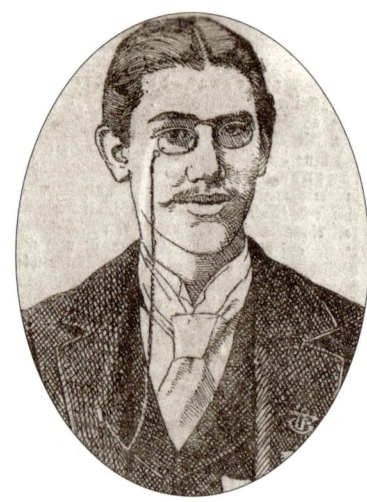

H. Stupp in London, Zeichnung nach einer Fotografie

Zollen Respekt: »The Sportsman« und »The Mirror of Life«

THE MIRROR OF LIFE has the Largest Circulation of any Illustrated Sporting Paper in the World, and is read all over the Globe.

The Mirror of Life

SMARTEST & ONLY ILLUSTRATED SPORTING JOURNAL IN GREAT BRITAIN

172, Fleet Street.
LONDON. E.C. 2nd Nov 1896

CABLE ADDRESS: FLORDWAY LONDON. NEW YORK.

We are pleased to find you are one day nearer Home

The Mirror of Life
Frank L. Ordway
Manager

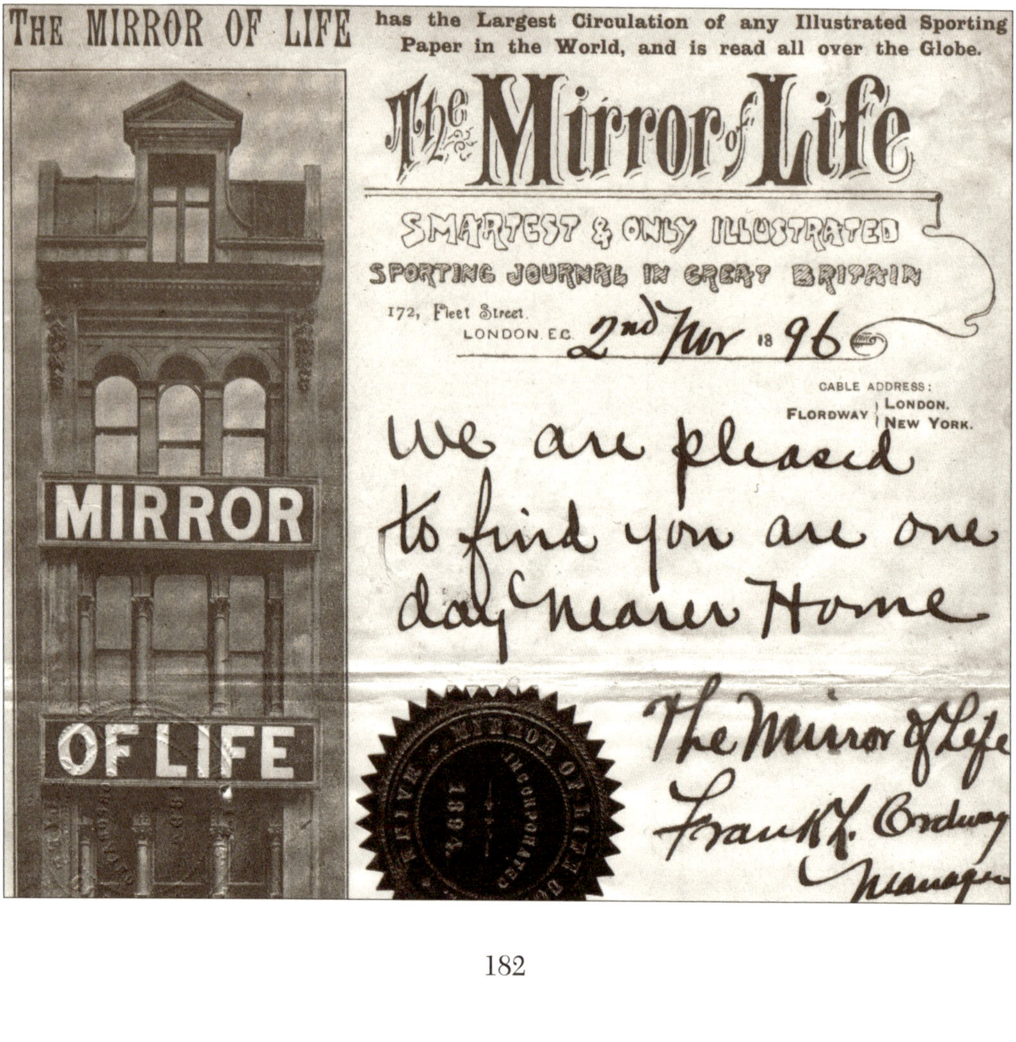

Die weißen Klippen von Dover

»Wieder Boden« unter den Füßen: Ostende

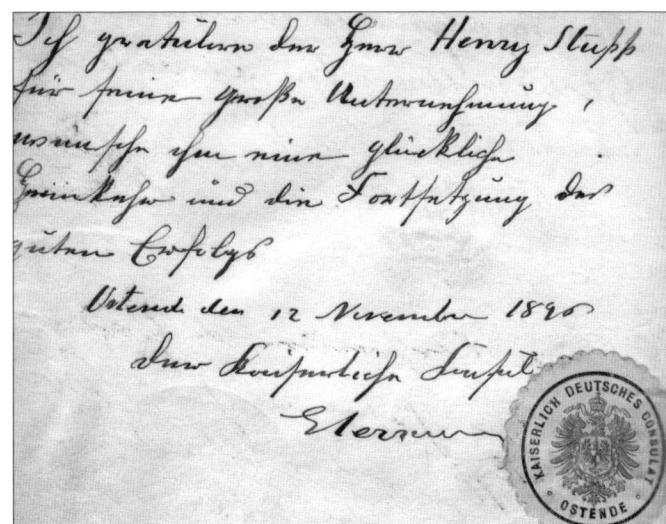

Gratulation des Kaiserlich-Deutschen Konsuls in Ostende

Von hier begab ich mich zur Normalschule, wo ich mir beim Direktor eine Landkarte von Asien erbat, um Seiner Königlichen Hoheit die Reise besser erklären zu können. Auch hier wurde ich so lange gebeten, bis ich vor den Schülern der Prima einen kleinen Umriss meiner Reise erzählte.

Der Herr Direktor der Normalschule bat mich, mit ihm zu speisen und bei echtem, französischem Champagner löste ich meine Zunge und begab mich zum Großherzoglichen Palais.

Sofort sprangen 25 Lakaien um mich herum, nahmen Hut und Mantel (d.h. den Lodenkragen), und machten hunderte von Bücklingen und bildeten somit ein humoristisches Bild – ein großes Gegenstück zu meinem ersten Besuch, wo man mich kalt und von oben herunter ansah und man mich abweisen wollte.

Zuerst wurde mir Seine Excellenz Graf Metternich, Hofmarschall, und eine Anzahl Kammerherren vorgestellt. Sodann kamen die Ober-Hofmeisterin von Preen und verschiedene Hofdamen, danach trat Seine Königliche Hoheit, der Großherzog Adolphe von Luxembourg ein, reichte mir die Hand und seine ersten Worte waren: »Ah, Sie sind der große Weltfußreisende! Na, dann sagen Sie mal, wie es Ihnen denn eigentlich in der persischen Wüste ergangen ist!?«

Ich begann sodann: »Königliche Hoheit, es gereicht mir zu außerordentlich großer Ehre, etc. …!« Mittlerweile waren Ihre Königlichen Hoheiten, die Großherzogin sowie die Erbgroßherzogin, eingetreten und begrüßten mich liebenswürdig.

Den Vortrag hielt ich im großen Billardsaal. Auf den Billardtisch mitten im Saale hatte ich die asiatische Karte gelegt. Von ½ 9 Uhr bis ½ 11 Uhr dauerte meine Lesung bei den Königlichen Hoheiten, welche mit gespanntem Interesse meinen Vortrag verfolgten. Seine Königliche Hoheit stellte eine große Anzahl wichtiger Fragen und zeigte eine große Kenntnis geographischer Verhältnisse. Man bewunderte meine Energie und Ausdauer, konnte kaum glauben, dass ich niemals krank gewesen war. Man reichte mir Bier etc. und man unterhielt sich gerade so, als wenn man sich in familiärem Kreise befände. Absolute Ungezwungenheit herrschte.

Ich beendete meinen Vortrag mit folgenden Worten:

»Zum Schlusse danke ich von ganzem Herzen den Königlichen Hoheiten und hohen Herrschaften für die huldvolle Teilnahme, welche Sie meiner einfachen Reiseerzählung geruht hatten, darzubringen. Ich schließe mit einem ›Hoch‹ auf Seine Königliche Hoheit, den Großherzog Adolphe, mit einem ›All Heil‹ dem schönen Lande Luxemburg, denn nie werde ich die herrlichen Stunden vergessen, welche ich hier durchlebt. Ewig wird mir die Liebe und das Entgegenkommen des luxemburgischen Volkes in dankbarer Erinnerung sein!«

Daraufhin wurde die Unterhaltung fortgesetzt. Der Großherzog, welcher während des ganzen Vortrages gestanden hatte, um die Karte genau sehen zu können, ließ sich in seinem Lesestuhl nieder und dann wurde an mich von allen Seiten eine Unmasse Fragen gestellt, welche ich

Über Brügge (rechts) und Gent (links unten) nach Brüssel

»Glückliche Heimkehr«
wünscht M. Buls,
der Bürgermeister von Brüssel

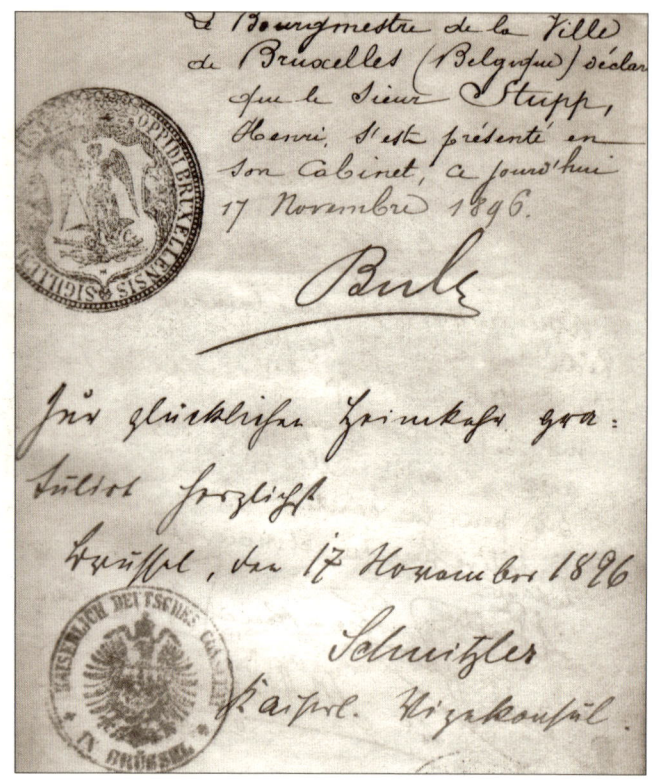

Über Brüssel weiter nach Namur

Liverpool–München

*Nach einem »strammen Marsch«:
Ankunft in Luxemburg*

*Bescheinigung von Prinz Taxis,
»Kaiserlich Deutscher
Minister Resident« in Luxemburg*

Einladung vom Großherzoglichen Palais

IV. Europa

Besuch beim Großherzog von Luxemburg:
Seine Kgl. Hoheit Adolphe, Grand Duc
de Luxembourg,
Ihre Kgl. Hoheit Adelheid Marie, Großherzogin
v. Luxemburg, Herzogin v. Nassau,
Dr. Paul Eyschen, Präsident der Regierung in
Luxemburg

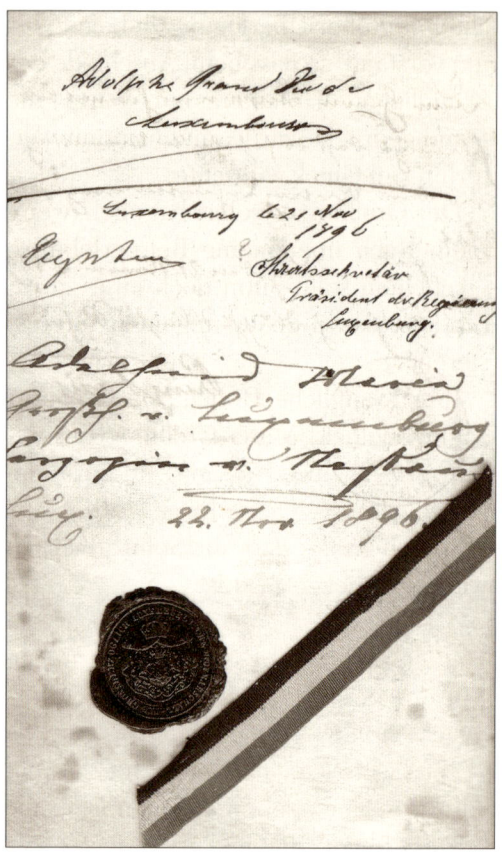

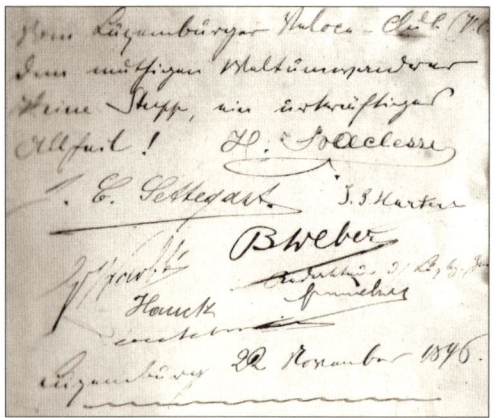

Unterschriften vom »Veloce Club« in Luxemburg

Stupp im Kreise des »Veloce Clubs«

188

alle mit großer Überlegung zu beantworten verstand, so dass beim Abschiede der Königlichen Hoheiten mir warm die Hand gedrückt wurde, und man mir weiterhin viel Glück wünschte.

Der Großherzog selbst bat mich, wenn mein Buch über meine Reiseerlebnisse erscheinen sollte, ihm doch eines zuzusenden – es würde ihn ungemein interessieren.

Ihre Königliche Hoheit, die Großherzogin Adelheid Maria Großh. v. Luxemburg, Herzogin v. Nassau sagte mir beim Abschiede: »Sagen Sie Ihrer Mutter, dass ich mich freue, dass ihr Sohn glücklich wieder zurückgekehrt ist.«

Man nannte meine Mutter sogar die Heldenmutter und sagte, dass meine Mutter doch stolz sein müsse, wie ich vorangekommen sei!

»Ja«, sagte ich, »meine Mutter ist mein Alles, ich hänge sehr an meinen Eltern!«

Der Flügeladjutant überreichte mir beim Abschied ein schönes Geschenk Seiner Königlichen Hoheit, des Großherzogs!

Von hier begab ich mich mit mehreren Herren zu den Cafes und in lustigem Kreise verbrachte ich bis morgens 3 Uhr die Nacht. Am 23. 11. um 10 Uhr verließ ich die Stadt.

Ich legte trotz alledem 64 Kilometer in 10 Stunden zurück – ohne Rast – und ohne jegliche Nahrung auf dem Marsche zu mir zu nehmen. Ein Radfahrer begleitete mich.

Am 24. November 1896 betrat ich bei *Metz* – nach 16monatiger Abwesenheit – wieder heimatlichen Boden! Hier wohnte ich im »Grand Hotel«. Ich besuchte den Bezirks-Präsidenten von Lothringen, Herrn von Hammerstein, dann den Generalleutnant und Gouverneur von Froben und den Bürgermeister Herrn von Kamm.

»Willkommen im Vaterlande!« schrieb Freiherr von Hammerstein, der Bezirkspräsident von Lothringen, »Glück auf zur Wiederkehr!« Freiherr von Kramer in mein Autogrammbuch ein.

Er fragte auch nach, ob ich schon eine Stellung von der Regierung hätte, denn er ist ja der frühere Ehrenpräsident der Deutschen Kolonialgesellschaft und einer unserer ersten Kolonial-Minister. Ich verneinte dies und empfahl mich!

In *Straßburg*, meinem nächsten Reiseziele, wurde ich von Herrn »Geheimrat Munzinger«, dem vortragenden Rat Seiner Durchlaucht, dem Kaiserlichen Statthalter empfangen, der mir mitteilte, dass Seine Durchlaucht, Fürst Hohenlohe mich zu sprechen wünsche. Seiner Durchlaucht gab ich selbstverständlich einen kleinen Überblick meiner Reise. Der Fürst entließ mich mit Worten der Anerkennung, und fügte noch hinzu, dass »er« dieses nicht hätte machen können. Er wünschte mir, nachdem ich ihm meine ganze Reiseroute erzählt, viel Glück und schüttelte mir warm die Hand.

Durch Baden, Württemberg und Bayern wanderte ich sodann nach München.

Nur zwei Tage trennten mich von meinem Ziele, als ich am 3. Dezember Augsburg erreichte und »München« schon in meinem Gesichtskreise lag.

Alles schien überstanden, gleich einem Traume, gleich einem Nebelbilde schaute ich in die Vergangenheit zurück, ohne

IV. Europa

Nach 16 Monaten wieder auf heimatlichem Boden: Metz mit Kathedrale und dem »Grand Hotel«

»Willkommen im Vaterlande«: Begrüßung durch Freiherr v. Hammerstein, Kaiserlicher Bezirkspräsident für Lothringen, und Generalleutnant v. Froben, Gouverneur von Metz

Nächstes Ziel: Straßburg

Empfang:
bei Prinz H. Hohenlohe, Kaierlicher Statthalter in Elsaß-Lothringen, Geheimrath Munzinger und Graf Zeppelin-Aschhausen

Begrüßung:
im »Hotel Europe« durch Madame Bernhardt, »Hotel Europe« in Straßburg, und den General der Infanterie v. Jena, Gouverneur von Straßburg

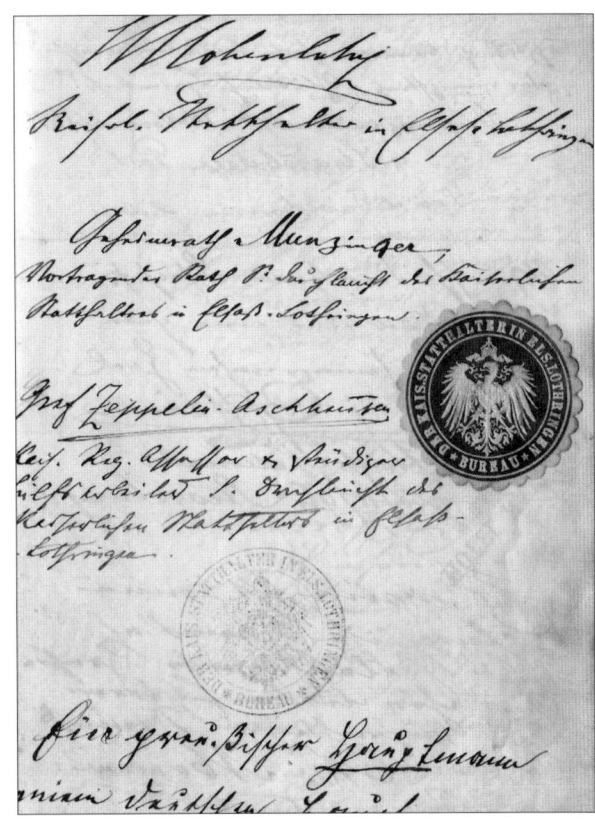

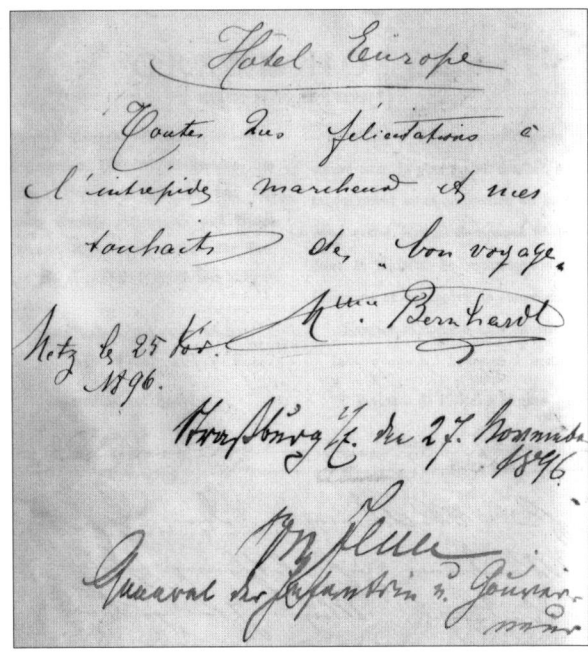

IV. Europa

Zwischenstation in Freudenstadt: Bierbrauerei & Gastwirtschaft »Zur Traube«

Augsburg –
»Nur zwei Tage trennten mich noch von meinem Ziel«

J. Schwarz jun., der Besitzer des
Hotels »Oberpollinger«, bescheinigt:
»5. Dezember 1896 Nachmittags 2 Uhr
10 Minuten«

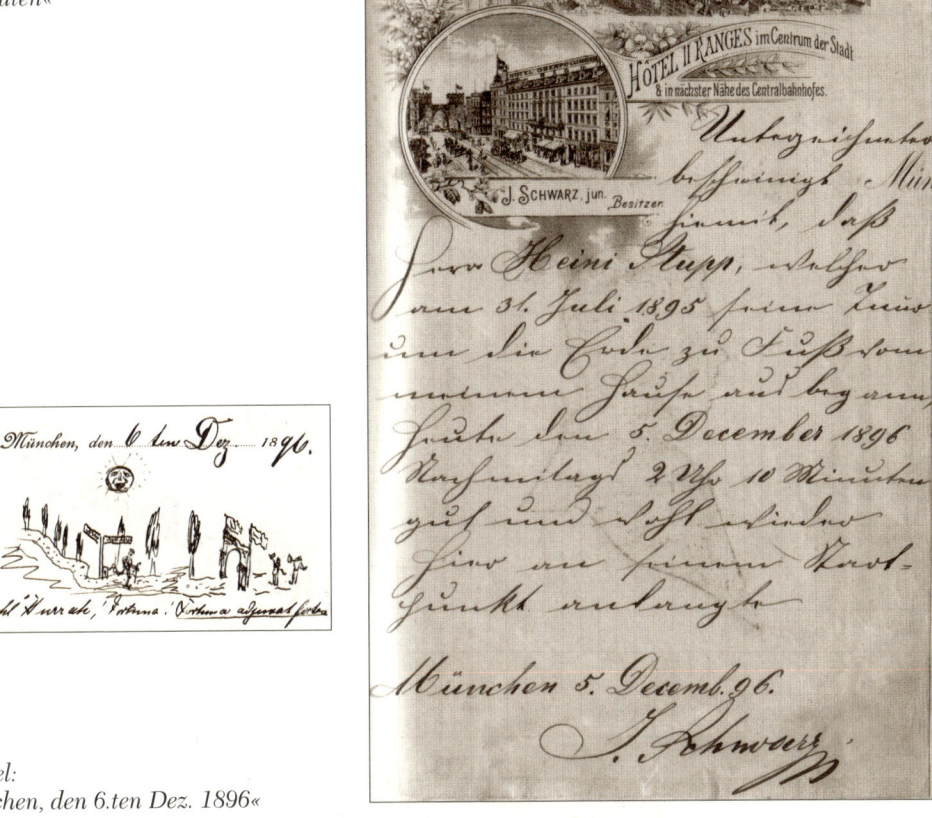

Am Ziel:
»München, den 6.ten Dez. 1896«

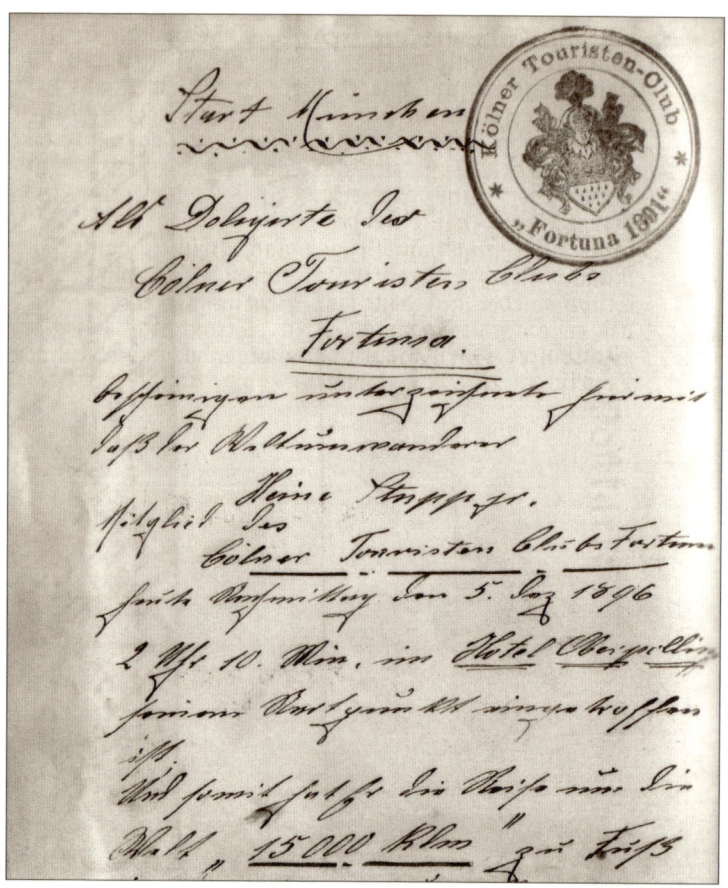

15 000 km, Start und Ziel – Bescheinigung der Delegierten des »Kölner-Touristen-Clubs Fortuna 1891«

Aus »bestem Schafwoll-Loden gefertigt«: Stupp mit Brauns »Touristen-Wettermantel«

Schreiben von Heinrich Braun, dem »Specialgeschäft für Sport- und Touristenbekleidung« in München

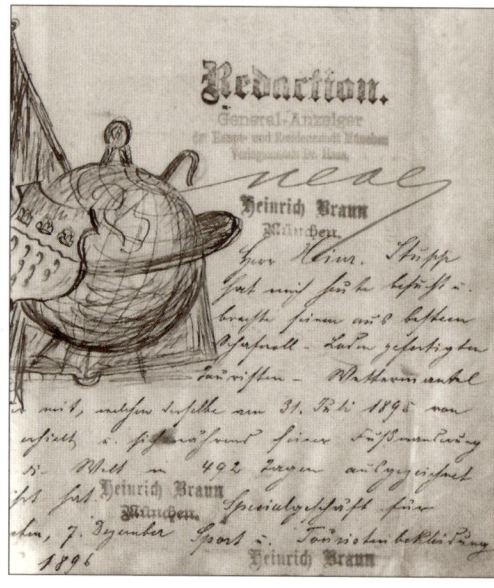

»Neues Münchener Tagblatt«
vom 5. 12. 1896

> **„Zu Fuß um die Erde."** Am Samstag, 5. Dez., Nachmittags halb 4 Uhr, wird der Weltfußreisende Heinr. Stupp jun. wieder hier in München, seinem Start, eintreffen, den er am 31. Juli 1895 verlassen hat. Stupp hat in 16 Monaten 5 Tagen 15 000 Kilometer zu Fuß zurückgelegt. Seine Reise ging durch Asien und Amerika. Am 12. November 1896 betrat Stupp bei Ostende wieder europäisches Festland. Er ging von Brügge nach Brüssel, dann über Namur nach Luxemburg. Am 23. November kam Stupp wieder auf deutschen Boden. In Metz ward der erste Halt gemacht. In Straßburg ließ der Statthalter Fürst Hohenlohe-Langenburg den kühnen Touristen zu sich kommen, um ihn kennen zu lernen.

In Erwartung des »Weltfußreisenden«:
das »Siegestor« in München

einen rechten Anhaltspunkt zu finden, ohne zu verstehen, dass sie vorüber, diese wunderbare, aber ereignisreiche, oft süße, oft saure Zeit meiner Erdumwanderung!

Am 5. Dezember, mittags um 2 Uhr 10, traf ich an meinem Startpunkte »Hotel Oberpollinger« wieder ein, woselbst ich von meinen Freunden und Bekannten mit großem Jubel empfangen wurde!

An meine Eltern und Geschwister schrieb ich:

»Glücklich habe ich gestern um 2 Uhr 10 min nachmittags meinen Startort MÜNCHEN wieder erreicht; 16 Monate und 5 Tage – oft in Nebel, oft in Sonnenlicht – liegen gleich einem großen, schweren Traume hinter mir!

Was kann ich viel darüber sagen, genug davon habe ich erzählt und was kann ich Neues sagen, als dass ich einen schönen Tag gestern verlebt habe – in heiterer Gesellschaft bei Wein und Musik, habe ausgezeichnet geschlafen und, das alte Lied, bin immer noch ›gesund und voll Humor‹!

Mehr kann ich Euch nicht sagen oder – wenn Ihr es denn absolut haben wollt – dass ich mich selbstverständlich ganz außerordentlich gehoben, wunderbar ergriffen freue, Euch in meine zarten Arme schließen zu können!!

Auf frohes Wiedersehen!

Mit Gruß und Kuss HEINE«

> Der Weltfußkreisende Heinrich Stupp (vom Touristenklub „Fortuna" in Köln a. Rh.) ist gestern Nachmittag in München eingetroffen, nachdem er in 492 Tagen eine Fußtour um unseren Planeten vollendet hatte. Am 31. Juli 1895 stellte sich der kühne Wandersmann in unseren Redaktionslokalitäten vor und theilte uns mit, daß er im Begriffe stehe, Europa, Asien und Amerika zu durchwandern und daß er in 1½ Jahren den „Spaziergang" zu absolviren gedenke. Dank seiner eisernen Energie und unerschütterlichen Ausdauer hat er den Riesenweg von 15,000 Kilometern in erheblich kürzerer Zeit zurückgelegt. Durch amtliche Belege lieferte er uns gestern den Nachweis, daß er nicht im Eisenbahncoupé und nicht auf dem Passagierdampfer die ungeheueren Strecken hinter sich brachte, sondern daß er wirklich per pedes apostolorum, d. h. auf Schusterrappen die Welt durchreiste, denn gar oft gerieth er in Sandwüsten und himmelhohe Gebirge, wo noch keine Eisenbahnen den Verkehr vermitteln. Die hochinteressanten Tagebücher des glücklich heimgekehrten Touristen sind angefüllt mit Unterschriften der höchsten Herren, mit amtlichen Attesten und Stempeln in allen Sprachen und Schriften. Als Stupp von München abmarschirte, befand er sich in Gesellschaft der hier gleichfalls bekannten amerikanischen Touristen Thörner und Kögel. Das wandernde Kleeblatt theilte getreulich Freud und Leid bis zur Ankunft in San Franzisko. Zu beachten ist, daß Stupp den Weltwanderer-Rekord um volle 8 Monate verbesserte. Von München aus begab er sich durch Oesterreich und die Balkanstaaten nach Konstantinopel, von dort ist er nach Kaukasien gewandert, um darauf die transkaspische Sandsteppe zu durchqueren. In Kaukasien traf Stupp zum letzten Male den Münchener Weltrabler Knoll. Ueber das Hindukuschgebirge wanderte er nach Persien, dann weiter nach Zentral-Indien. Ueber das Himalayagebirge ging die Tour nach Tibet, Hinterindien, China und Japan. Von Yokohama aus erfolgte Ueberfahrt nach Kalifornien; von hier aus zog Herr Stupp quer durch die Vereinigten Staaten nach New-York. Nach der Ueberfahrt erfolgte von Liverpool die Rückwanderung über London, Dover, Brüssel, Luxemburg, Straßburg nach Augsburg. In München, seinem Startplatze, fand Stupp im Hotel Oberpollinger die gastlichste Aufnahme und wird nun von Sportsgenossen begreiflicher Weise nicht wenig angestaunt und gefeiert.

»Neues Münchener Tagblatt« vom 7. 12. 1896

Nachwort

»Mach's einer nach …«

Auf dem Weg nach Köln: München Hauptbahnhof

6 Tage später, am 11. Dezember 1896, abends um 8 Uhr betrat ich den Boden meiner Vaterstadt *Cöln* am *Rhein*! Mein Einzug in *Cöln* gestaltete sich zu einer großartigen Ovation, welche zu schildern meine Feder nicht imstande ist. Ein brausendes »Hurra« durchhallte die weiten Bahnhofshallen, als der Münchner Zug einlief. Kaum war ich diesem entstiegen, als ich mich von einer zahllosen Menge umringt sah. Mehrere Arme hoben mich empor, Lorbeerkränze hing man mir von allen Seiten um und unter den Klängen des Liedes »Wem Gott will rechte Gunst erweisen« trug man mich die Treppen des Bahnhofs hinab in einen Vierspänner.

15 Vereine mit ihren Standarten und Musikkapellen begleiteten mich bei bengalischem Fackellicht durch meine Vaterstadt zum elterlichen Hause, wo ich durch ein gewaltiges Feuerwerk begrüßt wurde. Seine Eminenz Kardinalerzbischof Crementz lud mich zu einer Unterhaltungsstunde ein. Oberbürgermeister Becker sowie der Königliche Baurat Stübben schrieben als letzte in mein Autogrammbuch die Worte:

»Mit Freude und Stolz heißen wir den mutigen, jungen Kölner nach seiner großartigen Weltwanderung in der Vaterstadt willkommen!«

Über 1200 Unterschriften, Beglaubigungen und Widmungen aus der Feder

»Mit Freude und Stolz...«: überwältigender Empfang in Köln

Glückwunsch von Ph. Kardinal Crementz, Erzbischof von Köln

»Heine« Stupp: »Fortes fortuna adiuvat« ...

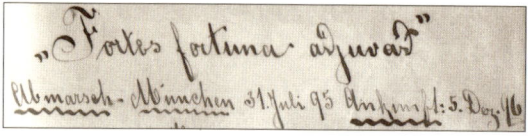

Nachwort: »Mach's einer nach ...«

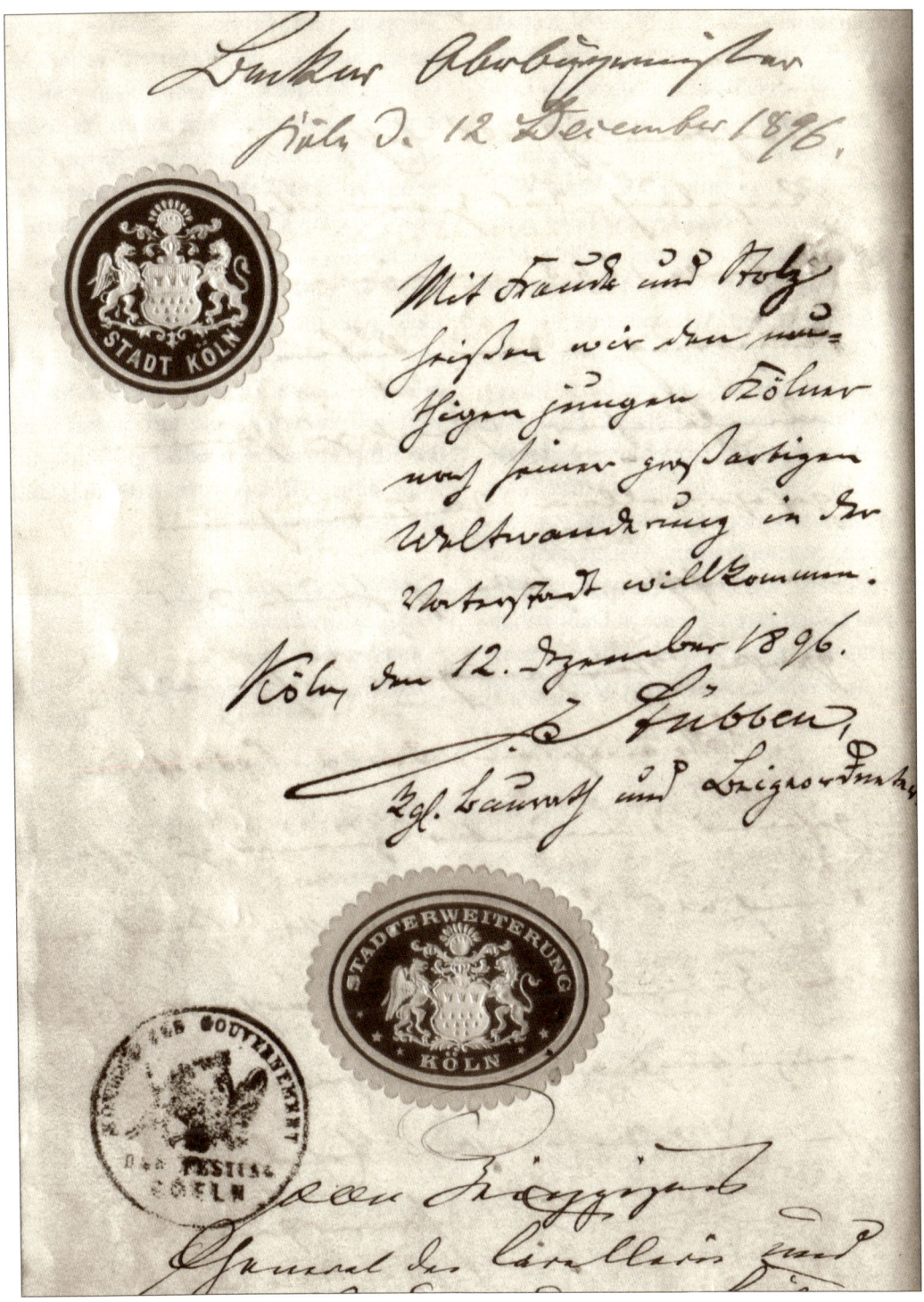

»Willkommen!«: Oberbürgermeister von Köln, J. C. Becker, und Kgl. Baurath Stübben

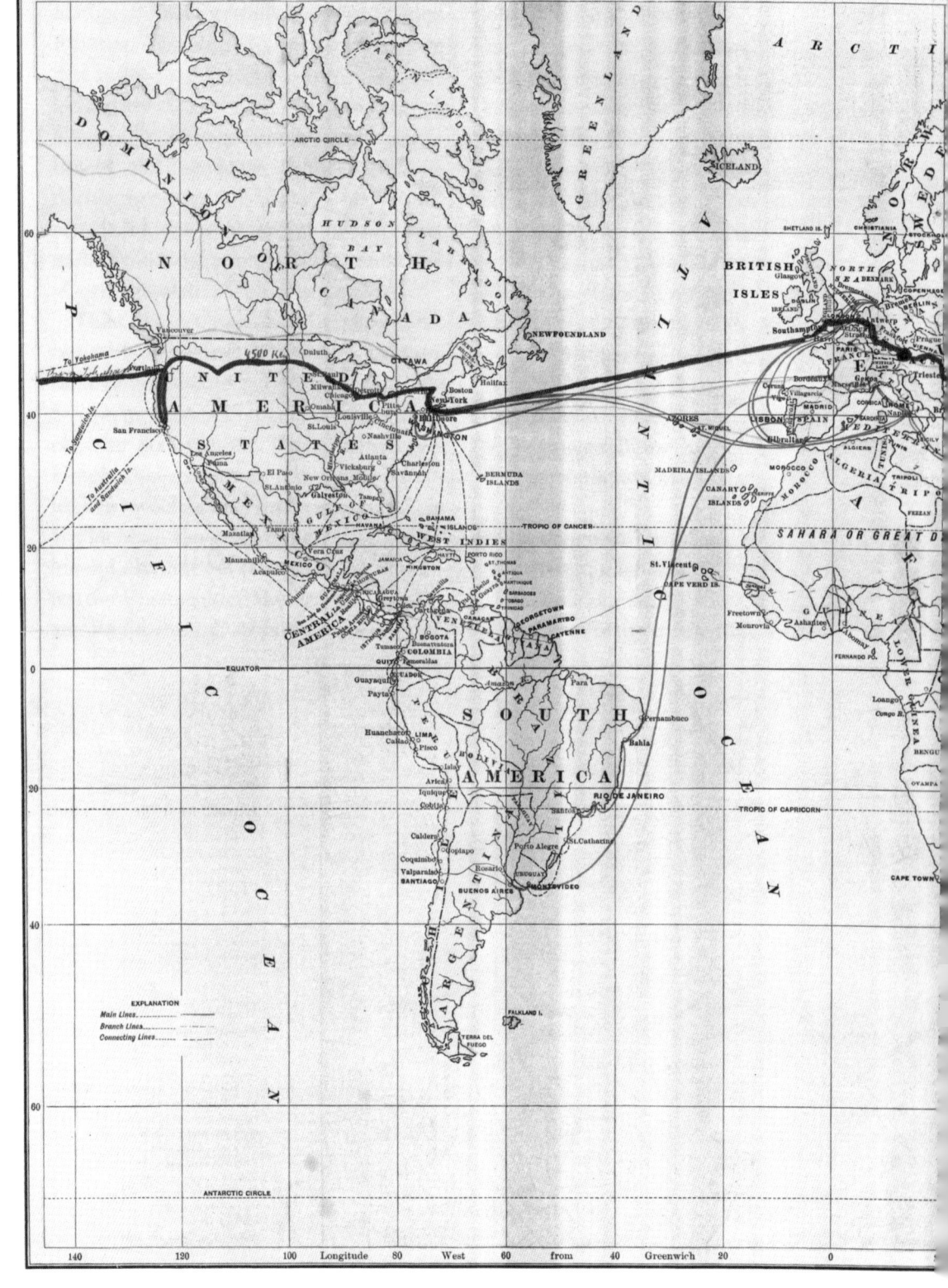